Sandra Mahut

BATCH COOKING LIBRE **DÉBUTANT**

F1RST
ÉDITIONS

SOMMAIRE

Comment batch cooker ?

Composer son batch cooking en piochant parmi les inspirations proposées !

SUGGESTIONS POUR UN

LUNDI *végé*

SUGGESTIONS POUR UN

MARDI *salade*

Retrouvez dans chaque recette le temps de conservation, les ustensiles nécessaires et des conseils pour être un pro du batch cooking !

CHOISISSEZ VOS RECETTES SELON LE MODE DE CUISSON

CHOISISSEZ VOS RECETTES SELON LA SAISON

LES MENUS DE LA SEMAINE

COMMENT BATCH COOKER ?

Le mode d'emploi

Le batch cooking consiste à cuisiner à l'avance pour plusieurs jours.

Au moment du repas, il n'y a plus qu'à réchauffer ou cuire rapidement certaines denrées délicates.

Vous pouvez par exemple préparer le dimanche vos dîners pour les soirs de la semaine. Vous souhaitez uniquement cuisiner pour le début de semaine ? C'est possible, il suffit simplement de piocher parmi les 50 recettes proposées et de réaliser ses menus.

Toutes les recettes proposées sont idéalement pensées pour être réalisées à l'avance. Préparez vos menus pour 5, 4, 3 ou même 2 soirs c'est comme vous voulez !

Les recettes de ce livre sont conçues pour 4 personnes pour répondre au mieux aux besoins des famille. N'hésitez pas à congeler ou bien à réduire les quantités. Le batch cooking c'est aussi faire en plus grande quantité pour pouvoir manger sur plusieurs repas.

Vous n'avez plus qu'à profiter de votre repas ! Et n'oubliez pas : la clé du batch cooking et de privilégier les produits de saison et qui ont fait le moins de kilomètres possible.

Vous pensiez que le batch cooking est réservé aux experts ? Détrompez-vous, le batch cooking est accessible à tous et en particulier avec ce livre de recettes spécialement conçues pour les débutants.

PRÊTS À BATCH COOKER ?

Les recettes

Toutes les recettes sont décomposées en deux parties :

- À faire à l'avance
- À faire le jour J

C'est en quelque sorte votre feuille de route pour la recette. Vous devez suivre la première partie lors de votre session de cuisine et vous pouvez revenir sur la recette lorsque vous réchauffer votre plat. Attention, pour certaines recettes il y a des cuissons minutes à réaliser le jour J.

Afin de vous aider au mieux dans l'élaboration de votre session de batch cooking, vous trouverez des pictos indiquant le moyen de cuisson. Cela est très pratique ! Cela permet de ne pas choisir des recettes qui ont toutes besoin d'être préparées à la casserole. Si vous choisissez 3 recettes, vous pouvez choisir une recette au four, une recette à la poêle et une recette à la casserole. Tout peut cuire en même temps. Si vous disposez d'un four assez grand vous pouvez sans problème cuire deux préparations en même temps, c'est à la fois un gain de temps et un gain d'énergie.

Les courses

Avant de cuisiner, il faut établir sa liste de courses. Étape primordiale pour commencer son batch cooking. L'idéal est de faire les courses une seule fois pour la semaine, cela permet de gagner du temps et de prendre que selon on a besoin.

Installez-vous tranquillement devant le livre, prenez une feuille de papier (et oui à l'ancienne), et notez les ingrédients frais qu'il vous faudra pour réaliser 5 (4 ou 3 à recettes pour la semaine.

Il est important d'organiser sa liste en séparant les produits : produits frais, épicerie, fruits et légumes pour savoir quoi prendre dans chaque rayon. Faites le point sur ce que vous avez dans vos placards pour ne pas prendre plus que nécessaire.

Conservation

L'idéal est de conserver toutes vos préparations dans des boîtes hermétiques. Elles sont pratiques

et se rangent facilement dans votre réfrigérateur. Pour des plats qui se cuisent au four et qui peuvent être conserver dans leur plat de cuisson vous pouvez investir dans des boîtes (de différentes tailles) en verre qui vont au four. Dès que le plat a refroidi vous pouvez le mettre directement au réfrigérateur avec le chapeau. Dans tous les cas, les boîtes que vous avez chez vous seront parfaites.

Dans chaque recette du livre vous trouverez le temps de conservation idéale au réfrigérateur. Si vous décidez de prendre plus d'avance vous pouvez très bien congeler vos préparations. Il faudra veiller à les sortir la veille de votre repas.

Conseils pour choisir vos produits

Il est important d'acheter des produits de saison, idéalement bio et dans la mesure du possible locaux. N'hésitez pas à vous rendre sur les marchés et dans les rassemblements de petits producteurs locaux près de chez vous. Quand on est dans une grande ville ce n'est pas toujours facile, mais privilégiez les primeurs aux grandes surfaces, surtout pour les fruits et légumes. Pour la viande, il est important de demander conseil à son boucher de quartier. Je propose de nombreuses recettes végétariennes dans ce livre mais lorsque vous choisissez un plat de viande, privilégiez la qualité.

Petit conseil : faites attention aux dates de péremption ! Notamment sur les denrées fragiles (viandes, charcuterie, poissons, fromages), il faudra les cuisiner plus rapidement ou bien les congeler si vous pouvez. En revanche, méfiez-vous des dates indicatives. Notamment avec les yaourts. Ceux-ci peuvent se consommer plusieurs semaines après la date inscrite. Dans tous les cas, le meilleur juge pour déterminer si un produit est encore consommable c'est vous !

Mes indispensables à avoir dans ses placards

Je suppose que chaque individu a ses goûts particuliers lui sont propre en cuisine, mais je pense que certains produits sont plus ou moins « indispensables » en toute circonstance comme :

- des œufs
- de la farine
- de l'huile d'olive et de l'huile de tournesol (elles sont complémentaires)
- de l'oignon et de l'ail
- des pâtes (type penne, ou spaghettis)
- du riz basmati
- des lentilles (vertes ou corail)
- des boîtes de tomates pelées
- du concentré de tomate
- une boîte de thon en miettes
- de la mayonnaise en tube
- du sel fin ou de la fleur de sel
- du poivre 5 baies
- quelques épices (cumin, paprika, gingembre en poudre, curry)
- du sucre en poudre
- de la moutarde

« LIBRE D'ORGANISER VOS SEMAINES COMME IL VOUS PLAIRA »

Mes indispensables à avoir dans son frigo

- du beurre
- de la crème liquide
- du parmesan
- du jambon
- du yaourt nature ou du fromage blanc
- du fromage type emmental ou cheddar
- des pommes de terre
- des légumes verts : 1 poireau, 1 brocoli, un sachet de petits pois au congélateur
- des citrons jaunes non traités
- quelques carottes
- une salade verte ou des feuilles de mesclun ou roquette ou épinards
- une courge butternut (quand c'est la saison, plutôt en automne, hiver)

La conservation des fruits et des légumes frais est délicate sur une longue période, voici une astuce, il faut les faire cuire à la vapeur avant de les entreposer dans des boites hermétiques au réfrigérateur.

On les utilisera au compte-goutte pour faire des soupes ou des gratins, ou juste en salade !

Mes ustensiles indispensables (même pour faire une omelette)

- une planche à découper
- une poêle
- un faitout
- un plat à gratin
- un saladier
- une fourchette
- une plaque pour aller au four et du papier sulfurisé
- un fouet (manuel ou électrique)
- un bon couteau pointu pour émincer les légumes
- un économe (plat de préférence)
- une balance pour peser ou un bol gradué
- un moule à tarte
- un mixeur
- une râpe
- une spatule, avec un bout en silicone
- un égouttoir

Soupe carottes-patates douces

À la casserole | Automne/Hiver

Conservation : Jusqu'à 4 jours

Ustensiles : 1 mixeur, 1 grande boîte

Conseil : Vous pouvez varier cette recette en utilisant du potimarron à la place des patates douces.

Ingrédients

300 g de carottes

450 g de patates douces

2 gousses d'ail

1 litre de bouillon de légumes

½ cuil. à café de noix de muscade moulue

1 pincée de gingembre en poudre

100 ml de lait de coco

Huile d'olive

Sel, poivre

LUNDI VÉGÉ

À faire à l'avance ⧗ 50 min

Éplucher les légumes et les couper en petits cubes. Peler et hacher l'ail. Dans une cocotte, faire chauffer 1 cuil. à soupe d'huile d'olive et faire revenir l'ail 1 min. Ajouter les légumes et les épices, et faire revenir 2 min en remuant. Saler, poivrer. Verser le bouillon de légumes et cuire 20 à 25 min après ébullition, à feu moyen. Mixer la soupe, la laisser refroidir, puis la conserver au réfrigérateur dans une boîte hermétique.

À faire le jour J ⧗ 10 min

Sortir la soupe du réfrigérateur 15 min avant utilisation. Faire réchauffer la soupe, et servir avec du lait de coco tiédi, et éventuellement un peu de pain grillé.

Tortilla pommes de terre-poivron

À la poêle	Printemps/Été

Conservation : Jusqu'à 2 jours

Ustensiles : 1 casserole, 3 boîtes, 1 grand saladier

Conseil : La tortilla est la recette idéale pour accommoder des restes de légumes.

Ingrédients

5 œufs
300 g de pommes de terre
½ poivron rouge
1 oignon rouge
½ cuil. à café de paprika
Huile d'olive
Sel, poivre

LUNDI VÉGÉ

À faire à l'avance — 45 min

Faire cuire les pommes de terre avec la peau dans de l'eau bouillante pendant 30 min. Les passer sous l'eau froide, puis les peler et les couper en fines rondelles. Couper le poivron et le couper en lanières de 3 cm environ. Peler et hacher l'oignon. Placer les légumes dans des boîtes hermétiques et réserver au frais.

À faire le jour J — 25 min

Sortir tous les ingrédients du réfrigérateur. Dans une poêle de 18 à 20 cm de diamètre, faire chauffer de l'huile d'olive et y faire revenir l'oignon et le poivron pendant 5 min. Pendant ce temps, dans un grand saladier, battre les œufs avec le paprika, le sel et le poivre. Ajouter les pommes de terre et bien les enrober. Incorporer ensuite la poêlée d'oignons - poivrons et mélanger. Remettre le tout dans la même poêle, après avoir rajouté un filet d'huile d'olive. Faire cuire à couvert environ 7 min, sur feu moyen. Lorsque la tortilla commence à être bien prise, placer une assiette plate sur la poêle et retourner le tout d'un coup sec. Faire glisser la tortilla dans la poêle pour cuire l'autre côté, pendant 3 min.

Œufs cocotte au cantal

À la casserole	Automne/Hiver

Conservation : Jusqu'à 2 jours

Ustensiles : 1 petit bol, 1 sauteuse (ou casserole), 2 boîtes, 4 petits ramequins

Conseil : N'hésitez pas à ajouter les épices que vous souhaitez. L'œuf cocotte peut se décliner à l'infini et à chaque saison.

Ingrédients

- 4 œufs
- 8 cuil. à café bien bombées de crème fraîche épaisse
- 50 g de cantal
- 3 brins de cerfeuil
- 1 poignée de jeunes pousses d'épinard
- 4 tranches de pain de mie aux céréales
- Sel, poivre

LUNDI VÉGÉ

À faire à l'avance — 10 min

Dans un petit bol, mélanger la crème avec le cerfeuil ciselé. Saler et poivrer. Réserver au frais dans une boîte hermétique. À l'aide d'un économe, détailler le cantal en copeaux. Placer au frais dans une boîte.

À faire le jour J — 15 min

Faire chauffer dans une sauteuse 2 à 3 cm d'eau. Mettre 1 cuil. à café de crème dans 4 ramequins, puis quelques feuilles d'épinard. Casser 1 œuf par-dessus, et rajouter 1 cuillère à café de crème et les copeaux de cantal. Placer les ramequins dans la sauteuse, au bain-marie. Faire cuire à couvert pendant 8 min, jusqu'à ce que le blanc d'œuf soit bien pris. En parallèle, faire griller les tranches de pain de mie et les servir avec les œufs cocotte.

Clafoutis de légumes

Au four	Printemps/Été

Conservation : Jusqu'à 3 jours

Ustensiles : 1 poêle, 2 boîtes, 1 grand saladier, 1 plat à gratin

Conseil : Le clafoutis est une bonne alternative pour varier les légumes.

Ingrédients

150 g de courgette
200 g de courge butternut
150 g de brocoli
1 oignon
1 gousse d'ail
100 g de tomates cerises
3 œufs
50 g de crème fraîche épaisse
200 ml de lait
½ cuil. à café de noix de muscade moulue
50 g de fromage râpé
Huile d'olive
Sel, poivre

LUNDI VÉGÉ

À faire à l'avance — 15 min + 17 min

Éplucher la courge butternut et la courgette et les couper en petits dés. Laver le brocoli, prélever les fleurettes et couper le tronc en petits morceaux. Peler et hacher l'ail et l'oignon. Dans une poêle, faire chauffer un peu d'huile d'olive et faire revenir l'oignon et l'ail 2 min. Ajouter les légumes et cuire 5 à 10 min en remuant. Saler, poivrer. Baisser le feu, couvrir et poursuivre la cuisson 5 min. Réserver dans une boîte au réfrigérateur. Couper à l'avance les tomates cerises en deux, et réserver dans une boîte également.

À faire le jour J — 15 min

Préchauffer le four à 200 °C et sortir les légumes du réfrigérateur. Dans un saladier, battre les œufs et la crème. Puis ajouter le lait, la muscade, le sel, le poivre et le fromage râpé. Répartir les légumes dans un plat huilé allant au four, puis verser dessus la préparation aux œufs. Enfourner pour 35 min.

Croque-monsieur avocat-tomate

À la poêle	Printemps/Été

Conservation : Jusqu'à 2 jours

Ustensiles : 1 boîte, 1 spatule

Conseil : N'hésitez pas à arroser l'avocat d'un peu de jus de citron pour éviter qu'il ne noircisse.

Ingrédients

8 tranches de pain de mie complet

2 tomates

2 avocats

8 tranches de maasdam

20 g de beurre

Salade pour accompagner (facultatif)

LUNDI VÉGÉ

À faire à l'avance ⧗ 10 min

Couper les tomates en fines rondelles, en essayant d'enlever au fur et à mesure la pulpe au milieu – pour éviter qu'elles rendent de l'eau par la suite. Peler et couper l'avocat en fines tranches. Monter les croque-monsieur. Sur une tranche de pain, disposer 1 tranche de fromage, puis les tomates et les avocats. Recouvrir de fromage, puis de la deuxième tranche de pain. Tartiner le dessus des croque-monsieur de la moitié du beurre. Réserver au frais dans une boîte hermétique.

À faire le jour J ⧗ 5 min

Faire fondre le reste de beurre dans une poêle. Y faire dorer les croque-monsieur sur la face sans beurre pendant 2 min, puis les retourner et appuyer dessus avec une spatule. Couvrir la poêle et poursuivre la cuisson pendant 3 min, en baissant le feu. Servir avec de la salade éventuellement.

Gratin de courgettes

& béchamel à la roquette

Au four	Printemps/Été

Conservation : Jusqu'à 3 jours

Ustensiles : 1 casserole, 3 boîtes, 1 plat à gratin

Conseil : Le gratin est un très bon plat pour démarrer en cuisine. Il est simple et vous pouvez largement varier les garnitures.

Ingrédients

600 g de courgettes
1 poignée de roquette
30 g de beurre
30 g de farine
40 cl de lait
1 pincée de muscade
1 cuil. à soupe de pesto
40 g de parmesan râpé
Sel, poivre

LUNDI VÉGÉ

À faire à l'avance ⌛ 20 min

Laver les courgettes, retirer les extrémités et les couper en rondelles de 3-4 mm d'épaisseur. Les réserver au réfrigérateur dans une boîte fermée. Faire de même avec la roquette, hachée finement au préalable. Faire fondre le beurre dans une casserole. Hors du feu, ajouter la farine en une fois et mélanger au fouet. Verser le lait petit à petit en fouettant, et replacer sur feu moyen. Faire cuire sans cesser de fouetter, jusqu'à ce que la béchamel épaississe. Laisser refroidir, puis placer au réfrigérateur dans une boîte.

À faire le jour J ⌛ 15 min

Sortir les ingrédients du réfrigérateur et préchauffer le four à 200 °C. Mélanger la béchamel avec la roquette. Répartir les courgettes dans un plat à gratin en faisant des couches : une couche de courgettes, un peu de sauce, une couche de courgettes... Finir par de la sauce béchamel, quelques touches de pesto et saupoudrer de parmesan. Enfourner pour 30 min environ.

Asperges vapeur

& sauce œufs durs et câpres

À la casserole	Printemps/Été

Conservation : Jusqu'à 2 jours

Ustensiles : 2 boîtes

Conseil : Vous pouvez associer cette recette à une autre si vous souhaitez en faire une entrée.

Ingrédients

1 botte d'asperges vertes (environ 450 g)

2 œufs

2 cuil. à café de câpres

2 cornichons

10 brins d'aneth

1 cuil. à café de moutarde

5 cuil. à soupe d'huile d'olive

Sel, poivre

LUNDI VÉGÉ

À faire à l'avance ⧗ 35 min

Laver et couper le pied des asperges. À l'aide d'un économe, retirer la fine peau sur la tige. Les faire cuire 8 à 15 min selon leur taille, dans un grand volume d'eau bouillante salée. Égoutter, laisser refroidir et les conserver dans une boîte hermétique. Cuire les œufs 12 min dans une casserole d'eau bouillante. Stopper la cuisson en les passant sous l'eau froide. Hacher le plus finement possible les œufs durs, les câpres, les cornichons et l'aneth. Les mélanger dans un bol avec la moutarde et l'huile d'olive. Saler, poivrer et réserver au réfrigérateur.

À faire le jour J ⧗ 5 min

Sortir du réfrigérateur les asperges et la sauce 10 min avant dégustation. Servir les asperges avec la sauce aux œufs durs.

Couscous végétarien express

À la casserole	Automne/Hiver

Conservation : Jusqu'à 4 jours

Ustensiles : 2 boîtes

Conseil : Quand vous aurez l'habitude, vous aussi vous aurez votre propre recette de couscous !

Ingrédients

300 g de semoule
2 carottes
1 panais
1 courgette
2 navets
200 g de courge butternut
1 branche de céleri
1 oignon
1 cuil. à soupe d'huile d'olive
2 cuil. à soupe d'huile de coco
2 cuil. à soupe de ras el-hanout
1 litre de bouillon de légumes
2 cuil. à soupe de concentré de tomate
200 g de pois chiches
30 g de raisins secs
Sel, poivre

LUNDI VÉGÉ

À faire à l'avance ⌛ 55 min

Faire cuire la semoule. Conserver au frais. Éplucher tous les légumes. Couper les carottes et le panais en rondelles de 1 cm. Couper la courgette en tronçons, puis chaque tronçon en quatre dans la longueur. Couper les navets et la courge en cubes. Émincer le céleri et hacher l'oignon. Faire chauffer l'huile d'olive et l'huile de coco dans une casserole et faire revenir l'oignon 2 min. Ajouter le ras el-hanout et un petit peu de bouillon et laisser réduire 2 min. Mettre tous les légumes dans la cocotte, mélanger et verser le bouillon et le concentré de tomate. Baisser le feu et laisser cuire environ 20 minutes. Ajouter les pois chiches rincés et égouttés, et poursuivre la cuisson environ 10 min. Laisser refroidir et conserver au réfrigérateur.

À faire le jour J ⌛ 15 min

Faire réchauffer les légumes environ 10 min, en ajoutant les raisins secs à mi-cuisson. Pendant ce temps, réchauffer la semoule 3 min au micro-ondes. Servir le couscous accompagné de semoule.

Légumes au wok

& omelette aux oignons

Au wok	Printemps/Été

Conservation : Jusqu'à 3 jours

Ustensiles : 1 poêle, 5 boîtes

Conseil : Le wok est un bon ustensile pour cuire rapidement et sans trop de matière grasse. Il permet aux aliments de ne pas être directement en contact avec la chaleur.

Ingrédients

½ chou chinois
4 carottes
100 g de pois gourmands
4 œufs
2 oignons
Huile d'olive
1 cuil. à soupe de sauce soja salée
½ cuil. à café de gingembre en poudre
1 cuil. à soupe de sauce soja sucrée
Sel, poivre

LUNDI VÉGÉ

À faire à l'avance — ⧗ 25 min

Retirer les premières feuilles du chou chinois et l'émincer. Éplucher les carottes et les couper en tagliatelles à l'aide d'un économe. Laver les pois gourmands et les couper en deux. Peler et émincer les oignons. Réserver la moitié des oignons et les autres légumes dans des boîtes au réfrigérateur. Battre les œufs en omelette, saler et poivrer. Faire revenir l'oignon dans une poêle chaude et huilée pendant 2 min. Ajouter la sauce soja salée, et laisser caraméliser à feu moyen 3 min. en remuant régulièrement. Verser les œufs et laisser cuire jusqu'à ce que l'omelette commence à bien prendre. Replier alors l'omelette en rabattant les bords vers l'intérieur. Retourner et laisser cuire l'autre face 2 min. La conserver au frais.

À faire le jour J — ⧗ 20 min

Faire revenir les oignons 2 min. avec de l'huile d'olive. Ajouter les légumes et les faire sauter pendant 8 min. Saupoudrer de gingembre en poudre et verser la sauce soja sucrée. Cuire pendant 3 à 5 min. Réchauffer l'omelette au four à micro-ondes pendant 2 min. La couper en tranches et servir avec les légumes.

Tofu sauté

& tagliatelles de légumes

Au wok	Printemps/Été

Conservation : Jusqu'à 2 jours
Ustensiles : 2 boîtes
Conseil : Vous pouvez utiliser des aiguillettes de poulet.

Ingrédients

200 g de tofu
2 courgettes
4 carottes
3 cuil. à soupe de sauce soja sucrée
1 cuil. à soupe de sauce nuoc-mâm
1 cuil. à soupe d'huile de coco
1 cuil. à café de graines de sésame

LUNDI VÉGÉ

À faire à l'avance — ⧗ 15 min

Presser le tofu entre 2 feuilles de papier absorbant pour retirer l'excédent d'eau. Le couper en cubes de 2 cm environ et le mélanger dans un bol avec la sauce soja sucrée et le nuoc-mâm. Réserver au réfrigérateur. Éplucher les courgettes et les carottes. Puis réaliser des tagliatelles en continuant d'éplucher avec l'économe. Réserver au frais dans une boîte hermétique.

À faire le jour J — ⧗ 15 min

Faire chauffer l'huile de coco dans un wok et y faire revenir le tofu avec la marinade pendant 2 min. Ajouter les légumes et faire sauter l'ensemble à feu moyen pendant environ 8 min, en remuant régulièrement. Servir en saupoudrant de graines de sésame.

Curry de chou-fleur

À la casserole	Automne/Hiver

Conservation : Jusqu'à 3 jours

Ustensiles : 3 boîtes

Conseil : Le curry est le plat idéal pour un débutant, il est facile et goûteux. Vous pouvez faire des curry de lentilles corail, des curry de pois chiches, etc.

Ingrédients

½ chou-fleur
1 cuil. à café de curry
320 g de quinoa
1 cube de bouillon de légumes
2 gousses d'ail
1 oignon
1 cuil. à soupe d'huile d'olive
1 cuil. à soupe de concentré de tomate
20 cl + 10 cl de lait de coco
Quelques feuilles de coriandre
Sel, poivre

LUNDI VÉGÉ

À faire à l'avance — 40 min

Faire cuire le quinoa 10 min dans de l'eau bouillante salée. Réserver dans une boîte hermétique. Couper le chou-fleur en fleurettes et les laver. Faire bouillir de l'eau dans une grande casserole avec un cube de bouillon. Cuire le chou-fleur pendant 10 min environ. Conserver au frais dans une boîte hermétique.
Peler et hacher l'ail et l'oignon. Faire chauffer l'huile d'olive dans une cocotte et y faire suer l'ail et l'oignon pendant 2 min. Ajouter le curry et le concentré de tomate. Mélanger, puis verser le lait de coco. Saler, poivrer. Laisser réduire légèrement sur feu doux pendant 5 à 8 min en remuant régulièrement. Laisser refroidir et garder au frais jusqu'au jour J.

À faire le jour J — 15 min

Faire réchauffer le quinoa 3 min. au four à micro-ondes. Réchauffer également la sauce curry avec le chou-fleur, dans une cocotte, pendant 5 min. Ajouter alors les 10 cl de lait de coco. Mélanger et laisser chauffer encore 2 min. Rectifier l'assaisonnement et servir avec le quinoa et quelques feuilles de coriandre.

Chili sin carne

À la casserole	Printemps/Été

Conservation : Jusqu'à 4 jours
Ustensiles : 2 boîtes
Conseil : Pour une version non végé vous pouvez ajouter de la viande de bœuf hachée.

Ingrédients

250 g de haricots rouges en boîte
150 g de maïs
250 g de riz sauvage
2 gousses d'ail
1 oignon rouge
1 carotte
1 cuil. à soupe d'huile d'olive
250 g de sauce passata
1 cube de bouillon de légumes
2 cuil. à café d'épices chili
Sel, poivre

LUNDI VÉGÉ

À faire à l'avance — ⧗ 40 min

Peler et hacher l'ail et l'oignon. Les hacher finement. Éplucher et couper la carotte en petits dés. Rincer et égoutter les haricots rouges. Faire chauffer 1 cuillère à soupe d'huile d'olive dans une cocotte et y faire revenir l'ail et l'oignon pendant 2 min. Ajouter les épices et 50 ml d'eau. Laisser le liquide s'évaporer. Puis mettre la carotte dans la cocotte, ainsi que la passata, le cube de bouillon et 250 ml d'eau. Laisser cuire à feu moyen pendant 10 min. Puis ajouter les haricots rouges et le maïs. Saler, poivrer et poursuivre la cuisson pendant 15 min. En parallèle, faire cuire le riz sauvage 10 à 12 min dans une casserole d'eau bouillante salée. Égoutter et réserver dans une boîte hermétique.

À faire le jour J — ⧗ 15 min

Faire réchauffer le riz sauvage 3 min au micro-ondes. En parallèle, réchauffer le chili en mélangeant régulièrement. Servir avec le riz.

Huevos rancheros

À la poêle	Printemps/Été

Conservation : Jusqu'à 3 jours
Ustensiles : 1 boîte
Conseil : Pour une version plus complète, vous pouvez ajouter des tranches d'avocat.

Ingrédients

- 4 œufs
- 400 g de tomates
- ½ poivron rouge
- 1 gousse d'ail
- 1 oignon rouge
- 1 cuil. à soupe d'huile d'olive
- 1 cuil. à soupe de concentré de tomate
- 1 cuil. à café de paprika
- ½ cuil. à café de piment doux
- ½ cuil. à café d'origan
- 1 pincée de muscade
- 1 cuil. à café de sucre
- Quelques feuilles de coriandre
- Sel, poivre

LUNDI VÉGÉ

À faire à l'avance — 25 min

Couper les tomates en gros cubes. Épépiner le poivron et le couper en lanières. Peler et hacher l'ail et l'oignon. Faire chauffer l'huile d'olive dans une grande poêle et faire revenir l'ail et l'oignon 2 min. Ajouter les poivrons et poursuivre la cuisson 3 min. Mettre ensuite les tomates, le concentré de tomate, les épices, le sucre et finir la cuisson pendant 5 à 10 min à feu doux. Saler, poivrer. Laisser refroidir et conserver au frais dans une boîte hermétique.

À faire le jour J — 15 min

Faire réchauffer la poêlée de tomates pendant 5 min. Casser les œufs dessus, et laisser cuire 5 min à couvert. Saler, poivrer les œufs et servir avec quelques feuilles de coriandre.

Riz pilaf épinards

& feta au cumin

À la casserole	Automne/Hiver

Conservation : Jusqu'à 2 jours

Ustensiles : 1 boîte

Conseil : Le terme pilaf désigne la manière dont est cuit le riz.

Ingrédients

- 340 g de riz semi-complet
- 300 g d'épinards frais en branche
- 100 g de feta
- 1 cuil. à café de graines de cumin
- 1 filet d'huile d'olive
- 1 gousse d'ail
- 900 ml de bouillon de légumes ou de poule

LUNDI VÉGÉ

À faire à l'avance ⧗ 35 min

Laver et équeuter les épinards frais. Les émincer. Dans une casserole, verser 1 cuil. à soupe d'huile d'olive, puis la gousse d'ail écrasée. Ajouter les épinards et les laisser fondre quelques minutes. Puis verser le riz et mélanger, verser ensuite le bouillon par-dessus et couvrir. Laisser cuire jusqu'à absorption du liquide. Lorsque le riz est cuit, le transférer dans une boîte hermétique ou un saladier recouvert d'un film alimentaire.

À faire le jour J ⧗ 10 min

Sortir le riz du réfrigérateur, le placer au micro-ondes et le réchauffer pendant 4 à 5 min. Pendant ce temps, émietter la feta dans un bol, avec un filet d'huile d'olive et ajouter quelques graines de cumin. Servir avec la feta écrasée et des graines de cumin sur les bols de riz aux épinards.

Épis de maïs au beurre aromatisé

& salade roquette-tomates

Au four	Printemps/Été

Conservation : Jusqu'à 2 jours

Ustensiles : 1 casserole, 1 boîte, 1 plat à gratin

Conseil : Les épis de maïs se congèlent facilement. Vous pouvez les servir accompagnés de salade.

Ingrédients

4 épis de maïs

100 g de beurre

1 cuil. à soupe de paprika

1 cuil. à café de fleur de sel

1 cuil. à soupe d'origan sec

100 g de roquette

150 g de tomates cerise

3 cuil. à soupe d'huile d'olive

1 cuil. à soupe de vinaigre balsamique

Sel et poivre

LUNDI VÉGÉ

À faire à l'avance — 25 min

Placer les épis de maïs dans une casserole d'eau avec une pincée de gros sel. Faire chauffer jusqu'à ébullition, et les laisser cuire 10 min. Couper le beurre en dés et le laisser se ramollir à température ambiante. Ajouter le paprika, le sel et l'origan. Mélanger à l'aide d'une fourchette lorsque le beurre est bien mou. Placer le beurre sur un film alimentaire, et former un boudin ou une boule. L'enrouler dans le film ou mettre dans une boîte hermétique au réfrigérateur.

À faire le jour J — 20 min

Sortir le beurre aromatisé du réfrigérateur. Préchauffer le four à 180 °C. Dans un plat à four, déposer les 4 épis de maïs. Disposer des rondelles de beurre sur chaque épi. Enfourner pour 10 à 15 min. Bien arroser les épis du beurre fondu de temps en temps. Pendant ce temps, couper les tomates cerises en deux. Les mélanger dans un saladier avec la roquette, 3 cuil. à soupe d'huile d'olive et 1 cuil. à soupe de vinaigre balsamique.

Gratin de ravioles et de poireaux

Au four	Automne/Hiver

Conservation : Jusqu'à 2 jours

Ustensiles : 1 poêle, 1 plat à gratin

Conseil : Vous pouvez accompagner ce gratin d'une belle salade verte.

Ingrédients

240 g de ravioles du Dauphiné

150 g de comté râpé

3 poireaux

150 ml de crème liquide

1 cuil. à soupe d'huile d'olive

Sel, poivre

LUNDI VÉGÉ

À faire à l'avance ⧗ 20 min

Retirer les feuilles et la base des poireaux et les couper en deux dans la longueur. Les émincer. Faire chauffer 1 cuil. à soupe d'huile d'olive dans une grande sauteuse et y faire revenir les poireaux 2 min en remuant. Baisser le feu, ajouter 50 ml d'eau et poursuivre la cuisson 8 min environ. Veiller à ce que les poireaux n'attachent pas. Rajouter de l'eau si nécessaire. Saler, poivrer et laisser refroidir. Huiler un plat à gratin et alterner les plaques de ravioles et la fondue de poireaux. Filmer et placer au frais.

À faire le jour J ⧗ 25 min

Préchauffer le four à 180 °C. Arroser le gratin de crème et saupoudrer de comté râpé. Enfourner pour 20 min, jusqu'à une belle coloration.

Minestrone d'été

À la casserole	Printemps/Été

Conservation : Jusqu'à 3 jours

Ustensiles : 1 boîte

Conseil : La traditionnelle minestrone se prépare avec des légumes du soleil mais vous pouvez très bien réadapter ce bouillon en version hiver avec du chou-fleur, des carottes, de la courge, etc.

Ingrédients

- 100 g de pâtes collerettes
- 200 g de haricots verts
- ½ poivron rouge
- 1 branche de céleri
- 1 courgette
- 80 g de petits pois
- 1 oignon
- 4 gousses d'ail
- 1 cube de bouillon de légumes
- ¼ de bouquet de basilic
- 4 cuil. à soupe d'huile d'olive
- 40 g de parmesan
- Sel, poivre

LUNDI VÉGÉ

À faire à l'avance — 40 min

Épépiner le poivron et le couper en dés. Couper les haricots en tronçons de 1 cm. Émincer le céleri. Peler et hacher l'oignon et 2 gousses d'ail. Éplucher la courgette et la couper en petits dés. Faire chauffer 1 cuil. à soupe d'huile d'olive dans une cocotte et y faire revenir l'ail et l'oignon. Ajouter le poivron et laisser cuire 5 min en remuant. Mettre ensuite les haricots, la courgette, le céleri et les petits pois. Verser 50 cl d'eau et émietter le cube de bouillon. Laisser cuire les légumes pendant 25 min. Pendant ce temps, ciseler le basilic et le mélanger avec 3 cuil. à soupe d'huile d'olive et 2 gousses d'ail hachées. Saler, poivrer et réserver.

À faire le jour J — 15 min

Ajouter 200 ml d'eau dans le minestrone et faire réchauffer à feu moyen. Lorsque le liquide bout, ajouter les pâtes et faire cuire selon le temps indiqué sur le paquet. Servir avec le condiment au basilic et un peu de parmesan.

Burger veggie

À la poêle	Printemps/Été

Conservation : Jusqu'à 3 jours

Ustensiles : 1 casserole, 1 boîte

Conseil : Les lentilles sont une bonne alternative à la viande, elles sont riches en protéines.

Ingrédients

4 buns à burger
200 g de lentilles vertes
1 carotte
1 oignon
Huile d'olive
1 cuil. à café de cumin
1 cuil. à soupe de concentré de tomate
1 œuf
50 g de chapelure
2 tomates cœur de bœuf
1 oignon rouge
1 avocat
¼ de laitue iceberg
4 tranches de cheddar
Cornichons
Sel, poivre

Pour la sauce :
2 cuil. à soupe de ketchup
2 cuil. à soupe de mayonnaise
2 cuil. à soupe de sauce barbecue
2 cuil. à soupe de moutarde Savora

LUNDI VÉGÉ

À faire à l'avance — 35 min

Faire cuire les lentilles dans de l'eau bouillante salée pendant 20 min. Les laisser refroidir. Éplucher et râper la carotte. Couper l'oignon en petits dés. Dans une poêle, verser l'huile d'olive, l'oignon, la carotte et le cumin, et les laisser revenir 3 min en remuant. Mélanger les lentilles avec le mélange carotte - oignon cuits. Écraser avec une fourchette. Ajouter le concentré de tomate, l'œuf, la chapelure, du sel et du poivre. Mélanger et former des galettes. Conserver au frais.

À faire le jour J — 20 min

Couper les tomates et l'oignon rouge en rondelles, l'avocat et la laitue en lanières. Mélanger ketchup, mayonnaise, sauce barbecue et moutarde. Faire griller légèrement les pains. Dans une poêle, verser de l'huile d'olive et faire dorer les galettes de lentilles 2 min sur chaque face. Ajouter une tranche de cheddar sur la face cuite au moment de le retourner. Le laisser fondre. Dans chaque assiette, poser un pain ouvert et tartiner de sauce. Ajouter tomate, oignon, avocat et salade puis la galette de lentilles. Ajouter de la sauce et des cornichons. Refermer le pain.

Salade de crevettes, avocats et pamplemousse

Sans cuisson	Printemps/Été

Conservation : Jusqu'à 2 jours

Ustensiles : 1 mixeur, 2 boîtes

Conseil : Cette salade donne un air de fête sans trop en faire, c'est l'idéal et c'est délicieux !

Ingrédients

180 g de crevettes cuites et décortiquées

2 pamplemousses

2 avocats pas trop mûrs

60 g de cream cheese

2 cuil. à soupe d'huile d'olive

1 cuil. à soupe de jus de citron

½ cuil. à café de moutarde

3 brins d'aneth

100 g de jeunes pousses

Sel, poivre

MARDI SALADE

À faire à l'avance — 15 min

Peler les pamplemousses à vif et prélever les suprêmes à l'aide d'un couteau, en coupant au ras de chaque membrane. Réserver au frais jusqu'à utilisation. Préparer la sauce. Mélanger à la fourchette le cream cheese, l'huile et le jus de citron, jusqu'à obtenir une préparation lisse et homogène. Ajouter la moutarde et l'aneth haché. La sauce peut aussi être préparée dans un petit mixeur, en mixant tous les ingrédients en même temps. Saler, poivrer et réserver dans une boîte hermétique au réfrigérateur.

À faire le jour J — 10 min

Couper les avocats en deux, retirer les noyaux. Les évider petit à petit à l'aide d'une cuillère à café. Mettre les morceaux d'avocat, les suprêmes de pamplemousse et les crevettes dans un saladier. Ajouter la sauce crémeuse et mélanger le tout. Rectifier l'assaisonnement et servir sur un lit de jeunes pousses.

Taboulé de quinoa

À la casserole	Printemps/Été

Conservation : Jusqu'à 3 jours

Ustensiles : 1 boîte

Conseil : Le quinoa est parfait pour une salade au même titre que le riz ou les pâtes.

Ingrédients

125 g de quinoa
1 courgette
½ concombre
2 tomates
1 oignon rouge
½ botte de menthe
Jus de ½ citron
3 cuil. à soupe d'huile d'olive
Sel, poivre

MARDI SALADE

À faire à l'avance — 30 min

Rincer le quinoa. Le verser dans une casserole avec 1,5 fois son volume d'eau. Porter à ébullition, puis compter 10 min de cuisson. Égoutter si nécessaire et laisser refroidir. Éplucher partiellement la courgette et le demi-concombre et les couper en petits dés, en retirant le cœur avec les graines. Couper les tomates en petits dés également. Peler l'oignon et le hacher finement. Ciseler la menthe. Mélanger le quinoa refroidi avec les légumes et la menthe. Arroser du jus de citron et réserver au frais.

À faire le jour J — 5 min

Ajouter l'huile d'olive dans le taboulé. Saler, poivrer et bien mélanger.

Salade César au chou kale

À la poêle	Printemps/Été

Conservation : Jusqu'à 2 jours
Ustensiles : 1 grand saladier, 2 boîtes
Conseil : Vous pouvez parsemer cette salade de copeaux de parmesan

Ingrédients

2 blancs de poulet
80 g de chou kale
50 ml + 2 cuil. à soupe d'huile d'olive
150 g de tomates cerise
1 cuil. à soupe de pignons de pin
Jus de ½ citron
1 cuil. à soupe de crème fraîche
1 cuil. à café de moutarde
5 brins de ciboulette
Sel, poivre

MARDI SALADE

À faire à l'avance ⧗ 25 min

Laver le chou kale et retirer les tiges centrales. Émincer les feuilles et les placer dans un saladier. Les masser avec 50 ml d'huile d'olive, réserver. Couper les blancs de poulet en petits morceaux et les faire revenir dans une poêle chaude avec 1 cuil. à soupe d'huile d'olive, jusqu'à ce qu'ils soient bien dorés. Laisser refroidir et réserver au frais dans une boîte hermétique. Couper les tomates cerise en deux et les ajouter au chou kale avec les pignons. Filmer le saladier et placer au réfrigérateur. Préparer la sauce. À l'aide d'un petit fouet ou d'une fourchette, mélanger 2 cuil. à soupe d'huile d'olive, le jus de citron, la crème fraîche, la moutarde et la ciboulette ciselée. Saler, poivrer et garder au frais.

À faire le jour J ⧗ 5 min

Ajouter la sauce et les morceaux de poulet dans la salade de chou kale et mélanger.

Salade jar

À la casserole	Printemps/Été

Conservation : Jusqu'à 2 jours
Ustensiles : 1 grand bocal, 1 boîte
Conseil : Cette salade est aussi parfaite pour emporter en lunch box.

Ingrédients

200 g de quinoa
¼ de chou rouge
250 g de tomates cerise
2 poignées de mâche
2 tranches de saumon fumé
3 brins d'aneth
1 cuil. à café de moutarde
1 cuil. à soupe de vinaigre de vin
3 cuil. à soupe d'huile d'olive
Sel, poivre

MARDI SALADE

À faire à l'avance ⧗ 20 min

Faire cuire le quinoa 10 min dans de l'eau bouillante salée. Égoutter et laisser refroidir. Émincer le chou rouge le plus finement possible. Couper les tomates cerise en deux ou en quatre. Couper le saumon en lanières. Dans un grand bocal, disposer en couches les légumes et le quinoa, en terminant par le saumon. Fermer le bocal et réserver au frais. Préparer la sauce. Ciseler les feuilles d'aneth. Les mélanger avec la moutarde, le vinaigre et l'huile. Saler, poivrer et garder la sauce dans un petit contenant hermétique.

À faire le jour J ⧗ 25 min

Verser la sauce dans le bocal, refermer et agiter.

Riz cantonais

À la poêle	Automne/Hiver

Conservation : Jusqu'à 2 jours

Ustensiles : 1 casserole, 4 boîtes

Conseil : Vous pouvez très bien supprimer le jambon pour une version végétarienne.

Ingrédients

240 g de riz
3 œufs
150 g de petits pois (surgelés ou frais)
2 tranches de jambon cuit
1 petit oignon
2 cuil. à soupe de sauce nuoc-mâm
2 cuil. à soupe de sauce soja
1 cuil. à soupe de sucre
Huile d'olive
Sel, poivre

MERCREDI À PARTAGER

À faire à l'avance — 35 min

Cuire le riz 10 min dans de l'eau bouillante salée. Égoutter et réserver dans une boîte hermétique. Battre les œufs en omelette, saler et poivrer. La faire cuire dans une poêle avec un filet d'huile d'olive, pendant 5 min environ. La plier en deux en fin de cuisson. Laisser refroidir, puis couper en petits morceaux. Faire cuire les petits pois pendant 5 min dans une casserole d'eau bouillante salée. Égoutter et laisser refroidir. Couper le jambon cuit en petits dés et le conserver au réfrigérateur dans une boîte hermétique, ainsi que les petits pois, les morceaux d'omelette et l'oignon haché.

À faire le jour J — 15 min

Sortir tous les éléments du réfrigérateur 15 min avant cuisson. Mélanger dans un bol les sauces et le sucre. Faire chauffer 1 cuil. à soupe d'huile d'olive dans une poêle et y faire revenir l'oignon 2 min. Ajouter le riz, les petits pois, le jambon et l'omelette. Faire revenir 5 min, en ajoutant la sauce en fin de cuisson.

Crevettes sautées au chou chinois

& noodles

Au wok	Automne/Hiver

Conservation : Jusqu'à 2 jours

Ustensiles : 3 boîtes

Conseil : Il est préférable d'utiliser des crevettes crues car celles-ci ont besoin de mariner.

Ingrédients

250 g de crevettes crues décortiquées

½ chou chinois

250 g de noodles

2 gousses d'ail

3 cuil. à soupe d'huile d'olive

2 cuil. à soupe de nuoc-mâm

3 cuil. à soupe de sauce soja salée

1 cuil. à soupe de sucre

Quelques feuilles de coriandre (facultatif)

Sel, poivre

MERCREDI À PARTAGER

À faire à l'avance — 35 min

Peler et hacher les gousses d'ail. Mélanger les crevettes avec 2 cuil. à soupe d'huile d'olive et l'ail. Saler, poivrer. Réserver au réfrigérateur dans un récipient hermétique. Émincer le chou chinois et le conserver au frais. Faire cuire les noodles dans une casserole d'eau bouillante salée pendant 3 min. Égoutter, laisser refroidir et placer au frais. Préparer la sauce en mélangeant le nuoc-mâm, la sauce soja et le sucre.

À faire le jour J — 15 min

Faire chauffer 1 cuil. à soupe d'huile d'olive dans un wok. Y faire sauter les crevettes pendant 2 min. Ajouter le chou chinois et la sauce, poursuivre la cuisson 3 min. Ajouter les noodles et mélanger. Servir avec quelques feuilles de coriandre éventuellement.

Quiche butternut
& gouda

Au four	Automne/Hiver

Conservation : Jusqu'à 3 jours

Ustensiles : 1 poêle, 2 boîtes, 1 moule à tarte

Conseil : La quiche fait également partie de panoplie de recettes idéales pour débuter. Elle se décline en fonction des goûts et des saisons.

Ingrédients

1 pâte feuilletée

550 g de courge butternut

150 g de gouda vieux

1 oignon

1 cuil. à soupe d'huile d'olive

½ cuil. à café de muscade

3 œufs

150 ml de crème liquide

100 ml de lait

Sel, poivre

MERCREDI À PARTAGER

À faire à l'avance ⌛ 15 min

Éplucher et couper la courge en dés. Peler et hacher l'oignon. Faire chauffer 1 cuil. à soupe d'huile d'olive dans une poêle et y faire revenir l'oignon 2 min en remuant. Ajouter la courge. Saler, poivrer et faire cuire à feu moyen pendant 10 min, en mélangeant régulièrement. Baisser le feu, ajouter la muscade, mélanger et poursuivre la cuisson 8 à 10 min, à couvert. Pendant ce temps, râper le gouda et réserver au frais dans une boîte hermétique. Une fois la poêlée de butternut refroidie, la conserver également au frais dans un récipient adapté.

À faire le jour J ⌛ 10 min

Préchauffer le four à 180 °C. Étaler la pâte feuilletée dans un moule et la piquer avec une fourchette. Répartir la poêlée de butternut sur le fond de tarte. Dans un bol, fouetter les œufs et incorporer la crème, le lait et la moitié du gouda râpé. Saler, poivrer et verser sur la quiche. Parsemer du restant de fromage. Enfourner pendant 30 min, jusqu'à ce que la quiche soit bien dorée.

Bagels saumon

& cream cheese

Sans cuisson	Printemps/Été

Conservation : Jusqu'à 3 jours

Ustensiles : 4 boîtes

Conseil : Les sandwichs sont des plats à part entière et ils peuvent être garnis simplement et entre dans un régime alimentaire équilibré.

Ingrédients

4 pains à bagels

2 à 3 tranches de saumon fumé

100 g de cream cheese

½ concombre

10 radis roses

3 brins d'aneth

Une grosse poignée de jeunes pousses d'épinards

À faire à l'avance ⧗ 40 min

Laver le concombre et les radis et les couper en rondelles fines. Couper le saumon fumé en lanières. Réserver les ingrédients au réfrigérateur dans des boîtes séparées et fermées.

À faire le jour J ⧗ 10 min

Couper les pains à bagels en deux et tartiner les 2 faces de cream cheese. Répartir quelques feuilles d'aneth. Monter ensuite les bagels en alternant pousses d'épinard, radis, concombre et saumon fumé. Servir.

MERCREDI À PARTAGER

Club sandwich

Sans cuisson	Printemps/Été

Conservation : Jusqu'à 2 jours

Ustensiles : 1 boîte

Conseil : Le club sandwich peut se décliner en sandwich chaud cuit à la poêle.

Ingrédients

12 tranches de pain de mie complet ou aux céréales

4 œufs

4 tranches de dinde cuite

8 tranches de mimolette

Une dizaine de radis roses

4 cuil. à soupe de mayonnaise

2 poignées de roquette

MERCREDI À PARTAGER

À faire à l'avance — 15 min + 12 min

Faire cuire les œufs 12 min dans une casserole d'eau bouillante salée. Les passer ensuite sous l'eau froide, les écaler et les couper en rondelles. Couper les radis en rondelles. Étaler un peu de mayonnaise sur une tranche de pain, puis disposer une tranche de mimolette, une demi-tranche de dinde, des rondelles de radis et d'œuf et quelques feuilles de roquette. Recouvrir d'une tranche de pain et tartiner à nouveau un peu de mayonnaise. Recommencer l'opération précédente en terminant par une tranche de pain. Faire de même pour les 3 autres sandwichs. Les couper éventuellement en deux avant de les réserver dans une boîte hermétique jusqu'à la dégustation.

À faire le jour J — 5 min

Sortir les sandwichs de leur boîte hermétique et déguster.

Banh mi à la mortadelle

Sans cuisson	Printemps/Été

Conservation : Jusqu'à 3 jours

Ustensiles : 1 bocal, 3 boîtes

Conseil : Le jour J vous n'avez plus qu'à aller acheter votre baguette

Ingrédients

1 baguette
140 g de mortadelle
2 carottes
5 cuil. à soupe de vinaigre blanc
1 cuil. à café de sel fin
2 cuil. à soupe de sucre en poudre
20 cl d'eau chaude
½ concombre
4 brins de coriandre
4 brins de menthe
4 cuil. à soupe de sauce sweet chili thaïe

MERCREDI À PARTAGER

À faire à l'avance — 25 min

Éplucher et râper les carottes. Dans un bocal, mettre le vinaigre blanc, le sel et le sucre. Mélanger bien, puis ajouter l'eau chaude. Incorporer les carottes râpées et mélanger le tout. Refermer le bocal et le placer au frais pour une nuit au minimum. Couper le concombre en rondelles et les placer au frais dans une boîte hermétique. Couper la mortadelle en lanières et les mettre dans une boîte hermétique. Hacher la menthe et la coriandre et les placer dans une boîte hermétique.

À faire le jour J — 5 min

Couper la baguette en tronçons de 10 cm de long. Ouvrir les morceaux de baguettes et tartiner l'intérieur de 1 cuil. à soupe de sauce sweet chili. Puis déposer 3 rondelles de concombre et 1 cuil. à soupe de carottes râpées marinées et égouttées. Ajouter de la mortadelle et de la coriandre - menthe hachée. Déguster aussitôt.

Pizza aux légumes grillés

Au four	Printemps/Été

Conservation : Jusqu'à 3 jours

Ustensiles : 1 plaque, 2 boîtes

Conseil : N'hésitez pas à varier les garnitures : tomates, champignons, artichaut, etc.

Ingrédients

1 pâte à pizza
(ou une boule décongelée)

1 courgette

1 aubergine

1 poivron rouge

150 g de fromage de chèvre frais
ou de feta

100 g de mozzarella

80 g de coulis de tomate

2 c à café d'origan sec

Huile d'olive

Sel et poivre

MERCREDI À PARTAGER

À faire à l'avance — 30 min

Préchauffer le four à 200 °C. Éplucher et couper la courgette en rondelles fines, l'aubergine en rondelles de ½ cm d'épaisseur et le poivron en lanières. Placer tous les légumes sur une plaque de four ou un plat, recouvert(e) de papier sulfurisé. Verser un peu d'huile d'olive, saupoudrer de sel et de poivre. Enfourner pour 15 à 20 min. Une fois qu'ils sont cuits, laisser les légumes refroidir et les mettre dans une boîte hermétique. Couper les fromages en dés et les placer dans une boîte hermétique.

À faire le jour J — 15 min

Préchauffer le four à 200 °C. Dans un bol, verser le coulis de tomate. Ajouter la moitié de l'origan, saler et poivrer. Étaler la pâte à pizza sur une plaque de four recouverte de papier sulfurisé. Étaler la sauce tomate sur la pâte. Ajouter les légumes grillés, puis les morceaux de fromages. Saupoudrer du reste d'origan et enfourner pour 10 à 12 min. Servir bien chaud.

Wraps au saumon

Sans cuisson	Printemps/Été

Conservation : Jusqu'à 2 jours

Ustensiles : 1 boîte

Conseil : Ne mettez pas trop d'ingrédients dans les wraps, la tortilla risque de devenir trop humide.

Ingrédients

4 tortillas

4 tranches de saumon

150 g de cream cheese

1 avocat

150 g de laitue iceberg

MERCREDI À PARTAGER

À faire à l'avance ⏳ 10 min

Tartiner les tortillas de cream cheese, sur toute la surface. Couper le saumon en lanière. Peler et couper l'avocat en tranches. Émincer la laitue. Au milieu d'une tortilla, disposer une couche de laitue, quelques tranches d'avocat et des lanières de saumon. Rabattre les côtés vers l'intérieur, de manière à obtenir un carré, puis le rouler sur lui-même. Faire de même pour les autres wraps. Filmer les wraps et les conserver au réfrigérateur.

À faire le jour J ⏳ 2 min

Couper les wraps en deux et servir.

Bouillon de poulet aux légumes

À la casserole	Automne/Hiver

Conservation : Jusqu'à 4 jours

Ustensiles : 2 boîtes

Conseil : Vous pouvez très bien déguster ce bouillon sans le poulet pour une version végétarienne

Ingrédients

1 cube de bouillon de volaille
500 g de poulet (cuisses ou ailes)
4 carottes
3 navets
1 poireau
1 oignon
1 clou de girofle
1 cuil. à soupe d'huile d'olive
1 bouquet garni
Sel, poivre

JEUDI COMPLET

À faire à l'avance — 1 h

Retirer la peau du poulet. Éplucher les carottes et les navets. Couper les carottes en rondelles de 1 cm et les navets en quartiers. Laver le poireau et le couper en tronçons de 2 cm. Peler l'oignon et planter un clou de girofle dedans. Faire fondre le cube de bouillon dans 1,25 litre d'eau. Faire chauffer 1 cuillère à soupe d'huile d'olive dans une cocotte. Faire revenir le poulet 5 min sur toutes les faces. Saler et poivrer. Ajouter le bouillon, les légumes et le bouquet garni. Poursuivre la cuisson à couvert et à feu moyen pendant environ 40 min. Laisser tiédir et retirer le bouquet garni. Sortir les morceaux de poulet et effilocher la chair, jeter les os. Réserver le bouillon et les légumes au frais, ainsi que les morceaux de poulet dans une boîte hermétique.

À faire le jour J — 10 min

Réchauffer le bouillon avec les légumes pendant 5 min, ajouter le poulet et poursuivre pendant 5 min. Servir bien chaud dans des bols.

Gratin de penne au porc

À la poêle	Automne/Hiver

Conservation : Jusqu'à 3 jours
Ustensiles : 1 plat à gratin
Conseil : Une autre façon de voir les lasagnes !

Ingrédients

500 g de penne
1 gousse d'ail
1 oignon
2 cuil. à soupe d'huile d'olive
350 g de bœuf haché
150 g de porc haché (ou chair à saucisse)
800 g de pulpe de tomates
1 cuil. à soupe de concentré de tomate
1 cuil. à soupe de sucre
1 cuil. à soupe d'origan
250 g de mozzarella
40 g de parmesan râpé
Sel, poivre

JEUDI COMPLET

À faire à l'avance ⧗ 40 min

Faire cuire les penne 10 min. dans une casserole d'eau bouillante salée. Égoutter et réserver. Peler et hacher l'ail et l'oignon. Faire chauffer l'huile d'olive dans une grande sauteuse et y faire suer l'oignon et l'ail pendant 2 min. Ajouter les viandes et les faire dorer 3 min. Saler et poivrer. Verser la pulpe de tomates, le concentré de tomate, le sucre et l'origan. Mélanger, baisser le feu et poursuivre la cuisson pendant 15 min. Couper la mozzarella en petits dés. Huiler un plat à gratin et répartir la moitié des pâtes, recouvrir de la moitié de la sauce et de la moitié des cubes de mozzarella. Renouveler l'opération en finissant par la mozzarella. Laisser refroidir, filmer et réserver au réfrigérateur.

À faire le jour J ⧗ 5 min + 30 min

Sortir le plat du réfrigérateur et préchauffer le four à 180 °C. Saupoudrer le gratin de parmesan et enfourner pendant environ 30 min. Servir bien chaud.

Oyakodon

À la casserole	Automne/Hiver

Conservation : Jusqu'à 3 jours

Ustensiles : 4 boîtes

Conseil : Une recette qui fait voyager le temps d'un repas.

Ingrédients

250 g de riz

350 g de filet de poulet

2 œufs

1 poireau

2 oignons

½ cube de bouillon de légumes

3 cuil. à soupe de vin blanc

3 cuil. à soupe de sauce soja salée

1 cuil. à soupe de sauce soja sucrée

JEUDI COMPLET

À faire à l'avance — 20 min

Faire cuire le riz 10 min dans une casserole d'eau bouillante salée. Égoutter et laisser refroidir. Laver le poireau et le couper en rondelles. Peler et émincer les oignons. Couper le poulet en dés. Réserver tous les éléments dans des boîtes séparées, au réfrigérateur.

À faire le jour J — 25 min

Faire chauffer 150 ml d'eau avec le cube de bouillon dans une grande sauteuse ou un wok. Y faire fondre les oignons pendant 5 min. Ajouter le poireau, le vin blanc, les sauces soja et poursuivre la cuisson 5 min. Enfin, ajouter le poulet et continuer la cuisson 5 min en remuant. Battre les œufs en omelette et les verser dans le wok. Faire cuire l'ensemble 5 min, à couvert. Servir sur un bol de riz, préalablement réchauffé 2 min au four à micro-ondes.

Flan de poisson au lait de coco

Au four | Printemps/Été

Conservation : Jusqu'à 2 jours

Ustensiles : 4 petits ramequins, 1 plat à gratin

Conseil : Vous pouvez accompagner ces flans d'une salade de roquette.

Ingrédients

- 400 g de filets de poisson blanc
- 120 ml + 4 cuil. à soupe de crème de coco
- 2 cuil. à soupe de pâte de curry rouge
- 2 œufs
- 2 cuil. à café de sucre
- 1 petit piment rouge ou ½ cuil. à café de piment en poudre
- Sel, poivre

JEUDI COMPLET

À faire à l'avance ⧗ 40 min

Préchauffer le four à 180 °C. Couper le poisson en cubes de 2 cm. Dans un grand bol, mélanger 120 ml de crème de coco et la pâte de curry. Une fois le mélange homogène, ajouter les œufs, le sucre et bien fouetter l'ensemble. Mettre le poisson et mélanger délicatement. Saler, poivrer. Verser la préparation dans des ramequins en céramique et les déposer dans un grand plat (type plat à gratin). Remplir d'eau à moitié et enfourner le tout pendant 30 min. Laisser refroidir, filmer et conserver au frais.

À faire le jour J ⧗ 8 min

Faire réchauffer les flans 2 min 30 au four à micro-ondes. Pendant ce temps, couper le piment en deux. Retirer les graines et le hacher finement. Servir les flans avec un peu de crème de coco et du piment haché.

One pot pasta

À la casserole	Printemps/Été

Conservation : Jusqu'à 3 jours
Ustensiles : 1 casserole
Conseil : Vous mettez tout dans la casserole et c'est prêt !

Ingrédients
250 g de pâtes farfalles
100 g de champignons de Paris
250 g de tomates cerise
1 oignon
75 g de bacon en lardons
4 poignées de pousses d'épinards
1 cube de bouillon
100 g de cheddar râpé
700 ml d'eau

À faire à l'avance — 10 min

Tailler les champignons de Paris en lamelles. Couper les tomates cerise en deux. Émincer l'oignon en petits cubes. Dans une casserole, verser les pâtes. Ajouter par-dessus les dés de bacon, les pousses d'épinards, les champignons émincés, l'oignon, le bouillon en cube et une poignée de fromage râpé. Mettre le couvercle et placer la casserole au réfrigérateur.

À faire le jour J — 15 min

Verser l'eau dans la casserole et mettre à cuire à feu moyen pendant 10 min. Mélanger au bout de 3 min. Servir chaud.

JEUDI COMPLET

Haddock

& purée panais-céleri

À la casserole | Automne/Hiver

Conservation : Jusqu'à 2 jours

Ustensiles : 1 presse-purée, 2 boîtes

Conseil : Préférez les poissons fumés conditionnés sous-vide, vous aurez plus de temps pour les consommer.

Ingrédients

- 350 g de haddock
- 600 g de panais
- 300 g de céleri
- 50 ml de crème liquide
- 5 brins de persil
- 25 cl de lait
- Sel, poivre

JEUDI COMPLET

À faire à l'avance — 45 min

Éplucher et couper les légumes en morceaux. Les faire cuire dans un grand volume d'eau bouillante salée pendant environ 30 min. Les égoutter, puis les écraser au presse-purée ou les mixer avec la crème. Saler, poivrer. Laisser refroidir et réserver au frais dans une boîte hermétique. Ciseler le persil et le réserver au frais.

À faire le jour J — 20 min

Faire chauffer le lait dans une casserole avec 50 cl d'eau. À ébullition, baisser le feu et plonger les morceaux de haddock. Faire cuire 15 min en maintenant le frémissement. Réchauffer la purée 3 min au four à micro-ondes. Incorporer le persil ciselé. Rectifier l'assaisonnement. Égoutter le haddock et servir avec la purée.

Gratin de quenelles aux épinards

Au four	Automne/Hiver

Conservation : Jusqu'à 2 jours

Ustensiles : 1 poêle, 1 boîte, 1 plat à gratin

Conseil : Vous pouvez utiliser n'importe quel type de quenelle (de viande ou de poisson).

Ingrédients

6 à 8 quenelles
400 g d'épinards
250 g de mozzarella
1 gousse d'ail
1 cuil. à soupe d'huile d'olive
4 cuil. à soupe de crème épaisse
50 ml de crème liquide
Sel, poivre

JEUDI COMPLET

À faire à l'avance — 20 min

Retirer les tiges des épinards et laver les feuilles. Les couper grossièrement si les feuilles sont grandes. Peler et hacher l'ail. Faire chauffer 1 cuil. à soupe d'huile d'olive dans une grande sauteuse et y faire revenir l'ail 1 min. Ajouter la moitié des épinards et 50 ml d'eau. Couvrir et laisser fondre. Recouvrir du reste des épinards, mélanger et couvrir à nouveau. Lorsque les épinards ont fondu, retirer l'excédant d'eau et ajouter la crème épaisse. Mélanger, saler, poivrer et laisser refroidir. Réserver au frais dans une boîte hermétique.

À faire le jour J — 25 min

Préchauffer le four à 180 °C. Verser les 2/3 des épinards dans un plat à gratin et y enfoncer les quenelles. Recouvrir du restant d'épinards, et de tranches de mozzarella. Napper de crème liquide et enfourner pour 25 min.

Poulet sauce yaourt-curry

& salade de lentilles corail

À la poêle	Automne/Hiver

Conservation : Jusqu'à 2 jours

Ustensiles : 1 casserole, 2 boîtes

Conseil : La sauce au yaourt rend le poulet très tendre et très goûteux.

Ingrédients

800 g de filets de poulet
250 g de yaourt grec
2 cuil. à café de curry
250 g de lentilles corail
2 cuil. à café de paprika
2 cuil. à café d'ail semoule
5 cuil. à soupe d'huile d'olive
½ citron
Coriandre
Sel, poivre

JEUDI COMPLET

À faire à l'avance ⌛ 20 min

Faire cuire les lentilles 10 min dans trois fois leur volume d'eau. Égoutter, laisser refroidir et réserver au réfrigérateur. Couper le poulet en cubes et le placer dans un saladier. Ajouter le yaourt, les épices et 3 cuil. à soupe d'huile d'olive. Saler, poivrer et mélanger. Réserver au frais dans une boîte hermétique.

À faire le jour J ⌛ 20 min

Assaisonner les lentilles avec 2 cuil. à soupe d'huile d'olive et un filet de jus de citron. Saler, poivrer. Hacher la coriandre et l'ajouter dans les lentilles. Réaliser des brochettes avec les morceaux de poulet ou les couper en lanières. Faire chauffer une poêle antiadhésive légèrement graissée et cuire les brochettes (ou les lanières de poulet) pendant 10 min à feu moyen, en les retournant régulièrement. Servir avec la salade de lentilles.

Thiep facile

À la cocotte	Automne/Hiver

Conservation : Jusqu'à 3 jours
Ustensiles : 1 boîte
Conseil : Le thiep est un plat traditionnel sénégalais.

Ingrédients

4 pilons de poulet
350 g de riz
300 g de choudou
2 carottes
1 navet
3 gousses d'ail
2 oignons
2 cuil. à soupe d'huile d'olive
100 g de pulpe de tomates
1 cuil. à café de piment en poudre
500 ml d'eau
2 cubes de bouillon de volaille
1 cuil. à soupe de concentré de tomate
Sel, poivre

JEUDI COMPLET

À faire à l'avance — 1 h

Couper le choudou en 4 morceaux. Éplucher les carottes, les couper en petits tronçons. Éplucher et couper le navet en petits quartiers. Peler et hacher l'ail et les oignons. Les faire suer dans une cocotte 5 min dans l'huile d'olive chaude. Ajouter le poulet et le faire revenir 5 à 10 min. Ajouter la pulpe de tomates et le piment. Bien enrober le poulet. Verser l'eau, émietter les cubes de bouillon et majouter 1 cuil. à soupe de concentré de tomate. Enfin, ajouter les légumes, baisser le feu et laisser mijoter environ 30 min, jusqu'à ce qu'ils soient tendres et que la viande soit bien cuite. Pendant ce temps, faire cuire le riz 10 min dans une casserole d'eau bouillante. Le réserver au frais dans une boîte hermétique. Lorsque le thiep est cuit, laisser refroidir et placer la cocotte au frais.

À faire le jour J — 15 min

Sortir la cocotte et le riz 15 min avant de les réchauffer. Faire réchauffer le thiep à feu moyen 5 min. Ajouter le riz, mélanger et laisser chauffer encore 5 min pour que le riz s'imprègne de sauce.

Poulet à la mexicaine

Au four	Printemps/Été

Conservation : Jusqu'à 4 jours
Ustensiles : 1 poêle, 1 boîte
Conseil : Le plat régressif par excellence ! On en redemande.

Ingrédients

500 g de filets de poulet
1 boîte de 250 g de pulpe de tomate
100 ml de sauce sweet chili thaïe
2 cuil. à soupe d'huile d'olive
100 g de chips de maïs (tortilla) nature
125 g de cheddar râpé
Persil
Ciboule
Sel, poivre

VENDREDI HAPPY

À faire à l'avance — 15 min

Couper les filets de poulet en lanières de 2 cm de long. Les faire sauter dans une poêle à feu vif avec l'huile d'olive jusqu'à ce qu'elles se colorent, en les remuant sans cesse. Saler et poivrer légèrement. Verser la pulpe de tomate et la sauce sweet chili. Mélanger jusqu'à ce que la sauce épaississe. Laisser mijoter 5 min, puis transvaser la sauce dans une boîte hermétique et la laisser refroidir jusqu'à ce qu'elle soit en mesure d'aller au réfrigérateur.

À faire le jour J — 20 min

Préchauffer le four en position gril. Disposer les chips dans des plats à four individuels ou un plat à gratin. Verser la sauce tomate au poulet par-dessus et saupoudrer de cheddar râpé. Enfourner pour 5 min sous le gril du four. Ciseler le persil et la ciboule. Lorsque le cheddar a gratiné, sortir le plat du four et parsemer de ciboule et de persil haché pour servir aussitôt.

Tartines chaudes

Au four	Printemps/Été

Conservation : Jusqu'à 2 jours

Ustensiles : 4 boîtes

Conseil : Vous pouvez varier la garniture : full fromage, jambon blanc, chèvre miel, etc.

Ingrédients

- 4 tranches de pain Poilâne
- 3 tomates
- 6 feuilles de basilic
- 1 gousse d'ail
- 60 g de parmesan
- 4 tranches de jambon serrano
- 100 g de comté râpé
- Huile d'olive
- Sel, poivre

VENDREDI HAPPY

À faire à l'avance — 15 min

Laver les tomates et les couper en petits cubes. Les mélanger dans un bol avec 1 cuil. à soupe d'huile d'olive, le basilic haché, du sel et du poivre. Réserver au frais dans une boîte hermétique. Peler et couper la gousse d'ail en deux, puis la frotter sur les tranches de pain. Réserver les tranches dans une boîte fermée. Couper le parmesan en copeaux à l'aide d'un économe. Réserver au frais. Effilocher le jambon serrano et le réserver au frais également.

À faire le jour J — 20 min

Préchauffer le four à 200 °C. Huiler légèrement les tranches de pain, puis répartir par-dessus le comté râpé, ainsi que les copeaux de parmesan. Placer les tranches sur une plaque recouverte de papier cuisson et enfourner pour 10 min. Sortir les tartines du four et déposer le tartare de tomates, le jambon serrano, quelques copeaux de parmesan et feuilles de basilic restant éventuellement. Servir aussitôt.

Rigatoni brocoli-bleu

À la casserole	Automne/Hiver

Conservation : Jusqu'à 3 jours

Ustensiles : 2 boîtes, 1 sauteuse (ou 1 wok)

Conseil : Vous pouvez également réaliser cette sauce avec du gorgonzola

Ingrédients

400 g de rigatoni

150 g de fleurettes de brocoli

125 g de bleu

200 ml de crème liquide

1 cuil. à soupe d'huile d'olive

Sel, poivre

VENDREDI HAPPY

À faire à l'avance ⌛ 40 min

Retirer le tronc du brocoli, couper les fleurettes et les rincer. Les faire cuire dans une casserole d'eau bouillante salée pendant 10 min. Égoutter et laisser refroidir. Faire cuire les rigatoni environ 12 min dans de l'eau bouillante salée. Égoutter et laisser refroidir. Couper le bleu en petits morceaux. Dans une petite casserole, faire chauffer la crème et incorporer le fromage lorsque la crème commence à bouillir. Baisser le feu et laisser fondre le fromage en mélangeant, pendant 2 min. Laisser refroidir la sauce et la garder au réfrigérateur.

À faire le jour J ⌛ 10 min

Sortir les différents éléments du réfrigérateur 10 minutes avant cuisson. Faire chauffer 1 cuil. à soupe d'huile d'olive dans une grande sauteuse et y faire revenir les brocolis 2 min. Verser les pâtes, puis la sauce, mélanger et faire réchauffer pendant 3 min. Servir bien chaud.

Émincés de dinde caramélisés

À la poêle	Automne/Hiver

Conservation : Jusqu'à 5 jours
Ustensiles : 1 casserole, 3 boîtes
Conseil : Vous pouvez utiliser des filets de poulet

Ingrédients

300 g d'escalopes de dinde
2 gousses d'ail
4 cuil. à soupe de sauce nuoc-mâm
4 cuil. à soupe de sucre
2 oignons
240 g de riz
2 cuil. à soupe d'huile d'olive
Sel, poivre

VENDREDI HAPPY

À faire à l'avance ⧗ 25 min

Couper la dinde en lanières. Peler et hacher l'ail. Dans une boîte hermétique, mélanger la dinde avec le nuoc-mâm, le sucre et l'ail. Poivrer et réserver au réfrigérateur. Peler, émincer les oignons et les mettre au frais également. Cuire le riz 10 min dans une casserole d'eau bouillante salée. Égoutter, laisser refroidir et conserver au réfrigérateur.

À faire le jour J ⧗ 15 min

Faire chauffer l'huile d'olive dans une poêle et y faire revenir l'oignon pendant 2 min en remuant. Ajouter les morceaux de dinde (garder la marinade à part), et les faire dorer 2 min. Verser la marinade et poursuivre la cuisson 3 min à feu moyen jusqu'à ce que les morceaux soient bien caramélisés. En parallèle, faire réchauffer le riz au four à micro-ondes et servir avec les émincés de dinde.

Feuilletés au thon

Au four	Printemps/Été

Conservation : Jusqu'à 2 jours

Ustensiles : 1 poêle, 1 boîte

Conseil : Vous pouvez garnir ces feuilletés de bœuf haché, de ratatouille et de fromage.

Ingrédients

2 pâtes feuilletées

280 g de thon en boîte (une grosse boîte)

2 cuil. à soupe de câpres

4 brins de persil

80 g de feta

1 oignon

1 cuil. à soupe d'huile d'olive

½ cuil. à café de cumin en poudre

100 g de pulpe de tomates

1 cuil. à soupe de concentré de tomate

1 œuf

Sel, poivre

VENDREDI HAPPY

À faire à l'avance ⌛ 20 min

Égoutter le thon et l'émietter dans un saladier. Hacher les câpres et les feuilles de persil et les ajouter au thon, ainsi que la feta émiettée. Poivrer et mélanger. Peler et hacher l'oignon. Faire chauffer l'huile d'olive dans une poêle et faire revenir l'oignon 2 min. Ajouter le cumin, du sel et du poivre, puis la pulpe de tomates et le concentré de tomate. Baisser le feu et laisser réduire environ 5 min. Incorporer la sauce tomate dans le mélange au thon et réserver au frais dans une boîte hermétique.

À faire le jour J ⌛ 30 min

Préchauffer le four à 180 °C. Dérouler une pâte et la couper en quatre. Sur chaque quart de cercle, déposer 2 cuil. à soupe de farce d'un côté, en lui donnant une légère forme triangulaire. Humidifier les bords et replier alors la pâte. Souder les bords en les écrasant avec les dents d'une fourchette, et déposer les feuilletés sur une plaque recouverte de papier cuisson. Recommencer avec la deuxième pâte. Battre un œuf et dorer les feuilletés à l'aide d'un pinceau. Enfourner pendant 18 à 20 min, jusqu'à ce qu'ils soient bien dorés.

Poisson pané

& sauce tartare

À la poêle	Printemps/Été

Conservation : Jusqu'à 1 jour

Ustensiles : 1 casserole, 2 boîtes

Conseil : Attention le poisson est un met fragile, vous ne pouvez pas le conserver plus de 24 heures.

Ingrédients

460 g de dos de cabillaud
2 cuil. à café de câpres
2 cornichons
5 brins de ciboulette
5 brins de persil
8 cuil. à soupe de mayonnaise
½ cuil. à café de piment doux
250 g de boulgour
3 cuil. à soupe de farine
1 œuf
60 g de corn flakes
1 cuil. à café de paprika
100 ml d'huile de tournesol
Sel, poivre

VENDREDI HAPPY

À faire à l'avance — 35 min

Faire cuire le boulgour selon les indications du paquet. Réserver au frais. Hacher les câpres, les cornichons, la ciboulette et le persil. Les mélanger dans un bol avec la mayonnaise et le piment. Réserver au frais. Couper le poisson en morceaux de 3 x 8 cm environ. Dans un bol, mélanger la farine avec du sel et poivre. Battre l'œuf dans un autre, et écraser les corn flakes avec les doigts dans un troisième bol. Assaisonner les corn flakes avec le paprika. Plonger les morceaux de poisson dans la farine, dans l'œuf, puis dans la panure. Réserver les poissons panés au frais dans une boîte hermétique, 24 heures au maximum.

À faire le jour J — 15 min

Faire chauffer l'huile de tournesol dans une poêle à bords hauts. Cuire les poissons panés pendant 10 min environ, en les retournant régulièrement. Les déposer sur une assiette recouverte de papier absorbant. Faire réchauffer le boulgour au four à micro-ondes pendant 2 min. Servir les poissons panés avec la sauce tartare et le boulgour.

Nuggets de poulet

À la poêle	Automne/Hiver

Conservation : Jusqu'à 1 jour

Ustensiles : 2 boîtes

Conseil : Vous pouvez accompagner ces nuggets d'une salade ou de frites pour les plus gourmands.

Ingrédients

250 g d'aiguillettes de poulet
1 cuil. à soupe d'huile d'olive
200 g de pulpe fine de tomates
1 cuil. à soupe de concentré de tomate
1 cuil. à soupe de sucre
1 cuil. à soupe de vinaigre de cidre
3 cuil. à soupe de farine
1 œuf
4 cuil. à soupe de chapelure
100 ml d'huile de tournesol ou de colza
Sel, poivre

VENDREDI HAPPY

À faire à l'avance — 35 min

Faire chauffer l'huile d'olive dans une petite poêle ou une casserole. Faire réduire à feu doux la pulpe de tomates avec le concentré de tomate, le sucre et le vinaigre. Saler, poivrer. Pendant ce temps, couper les aiguillettes en deux. Enrober les morceaux de poulet de farine, les tremper dans l'œuf battu et enfin les rouler dans la chapelure. Réserver les nuggets crus dans une boîte hermétique, au réfrigérateur. Une fois la sauce réduite et refroidie, la mettre également au frais.

À faire le jour J — 10 min

Sortir les nuggets et la sauce du réfrigérateur 15 min. avant cuisson. Faire chauffer l'huile de tournesol dans une poêle. Lorsqu'elle est bien chaude, faire cuire les nuggets environ 3 min. sur une face, puis 3 min. de l'autre côté. Ils doivent être bien dorés. Déposer sur une assiette recouverte de papier absorbant, pour ôter l'excédent de gras.
Servir les nuggets chauds avec la sauce tomate.

Rouleaux de printemps

À la casserole	Printemps/Été

Conservation : Jusqu'à 2 jours
Ustensiles : 2 boîtes
Conseil : N'hésitez pas à utiliser le beurre de cacahuète dans vos sauces pour une touche asiatique.

Ingrédients

8 galettes de riz pour rouleaux de printemps
100 g de vermicelles de riz
1 carotte
½ mangue
1 avocat
¼ de chou rouge
8 feuilles de menthe
3 cuil. à soupe de beurre de cacahuète
2 cuil. à soupe d'eau chaude
1 cuil. à soupe de sauce soja
2 cuil. à soupe de lait de coco

VENDREDI HAPPY

À faire à l'avance ⧗ 20 min

Faire bouillir de l'eau et la verser sur les vermicelles de riz, dans un saladier. Éplucher la carotte, la mangue et l'avocat. Couper la carotte en bâtonnets, la mangue et l'avocat en lamelles. Émincer le chou rouge le plus finement possible. Égoutter les vermicelles et les refroidir sous l'eau froide. Réhydrater les galettes de riz au fur et à mesure, dans un grand plat rempli d'eau froide. Poser la galette sur une surface lisse. Déposer sur le bas un peu de vermicelles, un peu de légumes et 2 feuilles de menthe. Rouler en rabattant les côtés vers l'intérieur. Réserver au frais dans une boîte hermétique. Préparer la sauce. Mélanger le beurre de cacahuète avec l'eau chaude, la sauce soja et le lait de coco jusqu'à obtenir une texture lisse et homogène. Garder au frais dans une boîte.

À faire le jour J ⧗ 5 min

Servir les rouleaux de printemps avec la sauce à la cacahuète.

Linguine tomates, basilic

& mozzarella

À la casserole	Printemps/Été

Conservation : Jusqu'à 3 jours

Ustensiles : 2 boîtes

Conseil : Vous pouvez ajouter des poivrons marinés grillés.

Ingrédients

400 g de linguine

200 g de tomates ou de tomates cerises

½ bouquet de basilic
+ quelques feuilles à réserver

250 g de mozzarella

3 cuil. à soupe d'huile d'olive

Sel, poivre

VENDREDI HAPPY

À faire à l'avance ⧗ 10 min

Laver les tomates et les couper en petits dés. Ciseler la moitié des feuilles de basilic et les ajouter aux tomates dans un bol. Mélanger avec 2 cuil. à soupe d'huile d'olive, du sel et du poivre. Réserver au frais dans une boîte hermétique. Couper la mozzarella également en petits dés et la réserver au frais dans une autre boîte.

À faire le jour J ⧗ 15 min

Sortir les ingrédients du réfrigérateur. Faire cuire les linguine 9 min dans une casserole d'eau bouillante salée. Égoutter au-dessus d'un saladier, afin de récupérer l'eau de cuisson. Dans la casserole ou dans un plat de service, mélanger les linguine avec les tomates, la mozzarella, 1 cuil. à soupe d'huile d'olive et un petit verre d'eau de cuisson. Mélanger tout de suite pour faire fondre la mozzarella et servir, avec quelques feuilles de basilic restantes.

Welsh

Au four	Automne/Hiver

Conservation : Jusqu'à 2 jours

Ustensiles : 1 casserole, 1 plat à gratin

Conseil : Le welsh est un plat typique gallois.

Ingrédients

- 200 g + 50 g de cheddar
- 2 tranches de jambon blanc
- 15 cl de bière brune
- 2 grosses tranches de pain de campagne
- 1 cuil. à soupe de moutarde fine
- 1 cuil. à café + ½ verre d'eau de maïzena
- 2 cuil. à soupe d'oignons frits

VENDREDI HAPPY

À faire à l'avance — 20 min

Couper le cheddar en dés, et le râper pour 50 g. Dans une casserole, verser 10 cl de bière, la moutarde et ajouter le cheddar. Faire le fondre en mélangeant sans discontinuer. Diluer la maïzena dans un peu d'eau froide et la verser dans la sauce. Mélanger. Dans un plat à gratin, déposer les tranches de pain de campagne. Les imbiber du reste de bière. Déposer les tranches de jambon par-dessus. Puis verser la sauce au cheddar et napper les deux tartines. Attendre que le tout refroidisse, filmer le plat à gratin et le placer au frais.

À faire le jour J — 15 min

Préchauffer le four à 180 °C. Retirer le plat à gratin du réfrigérateur. Enlever le film alimentaire. Saupoudrer d'oignons frits et de cheddar râpé. Enfourner pour 15 min. Déguster aussitôt, accompagné d'une salade verte.

Nouilles soba

& petits pois, mini-maïs et brocolinis

Au wok	Printemps/Été

Conservation : Jusqu'à 3 jours

Ustensiles : 1 casserole, 2 boîtes

Conseil : La nouille soba est faite avec de la farine de sarrasin d'où sa couleur un peu marron.

Ingrédients

200 g de nouilles soba

150 g de petits pois

100 g de mini-épis de maïs

200 g de brocolinis

2 cuil. à soupe d'huile de coco

3 cuil. à soupe de sauce teriyaki

VENDREDI HAPPY

À faire à l'avance ⧗ 20 min

Laver les légumes. Faire cuire les petits pois 2 min dans une casserole d'eau bouillante salée. Couper les tiges de brocolinis et couper les épis de maïs en deux dans la longueur. Faire chauffer 1 cuil. à soupe d'huile de coco dans un wok et y faire sauter les légumes environ 8 min, en remuant régulièrement. Saler, poivrer et laisser refroidir. Conserver les légumes dans une boîte hermétique, au réfrigérateur. Faire cuire les nouilles soba 3 min dans une casserole d'eau bouillante. Égoutter et les plonger dans une boîte hermétique remplie d'eau froide. Conserver au frais.

À faire le jour J ⧗ 10 min

Faire chauffer 1 cuil. à soupe d'huile de coco dans le wok et y faire réchauffer les légumes 2 min. Ajouter les nouilles soba égouttées, ainsi que la sauce teriyaki. Faire sauter l'ensemble 3 min et servir.

Semaine 1

Pour 5 soirs

AUTOMNE - HIVER

Soupe de carottes-patates douces
(voir p. 8)

Bouillon de poulet aux légumes
(voir p. 68)

Tartines chaudes
(voir p. 88)

Gratin de penne au porc
(voir p. 70)

Couscous végétarien express
(voir p. 22)

Liste de courses
Pour 4 personnes

Légumes, herbes
- 1 kg de carottes
- 450 g de patates douces
- 200 g de courge butternut
- 5 navets
- 1 panais
- 1 poireau
- 1 courgette
- 3 tomates
- 1 branche de céleri
- 3 oignons
- 4 gousses d'ail
- 1 bouquet garni
- Basilic

Frais
- 250 g de mozzarella
- 100 g de comté râpé
- 100 g de parmesan
- 500 g de poulet (cuisses ou ailes)
- 350 g de bœuf haché
- 150 g de porc haché (ou chair à saucisse)
- 4 tranches de jambon serrano

Épicerie
- 500 g de penne
- 300 g de semoule
- 200 g de pois chiches
- 800 g de pulpe de tomates
- 2 litres de bouillon de légume
- 1 cube de bouillon de volaille
- 100 ml de lait de coco
- 30 g de raisins secs

Boulangerie
- 4 tranches de pain Poilâne®

Dans le placard
- Sucre
- Noix de muscade moulue
- Gingembre moulu
- Ras el - hanout
- 1 clou de girofle
- Origan
- Concentré de tomate
- Huile de coco
- Huile d'olive
- Sel, poivre

L'organisation de ma session batch cooking

Préparer tous les légumes, les cuire et les réserver. Faire cuire les penne et cuire la semoule.

Lancer la cuisson des viandes.

Faire mijoter le couscous. Pendant ce temps, préparer les éléments pour les tartines et les réserver au réfrigérateur.

Pendant que le bouillon de poulet cuit, faire la soupe de carottes - patates douces.

Procéder au montage du gratin de penne au porc.

Semaine 2

Pour 5 soirs

AUTOMNE - HIVER

Salade César au chou kale
(voir p. 48)

Wesh
(voir p. 104)

Gratin de ravioles et de poireaux
(voir p. 38)

Haddock & purée de panais-céleri
(voir p. 78)

Riz pilaf épinards
& feta au cumin
(voir p. 34)

Liste de courses
Pour 4 personnes

Légumes, fruits, herbes

- 600 g de panais
- 300 g de céleri
- 300 g d'épinards frais en branche
- 80 g de chou kale
- 150 g de tomates cerise
- 3 poireaux
- 1 gousse d'ail
- 1 citron
- Persil
- Ciboulette

Frais

- 250 ml de lait
- 1 cuil. à soupe de crème fraîche
- 200 ml de crème liquide
- 150 g de comté râpé
- 250 g de cheddar
- 100 g de feta
- 240 g de ravioles du Dauphiné
- 2 blancs de poulet
- 2 tranches de jambon blanc
- 350 g de haddock

Épicerie

- 340 g de riz semi-complet
- 900 ml de bouillon de légumes ou de poule
- 150 ml de bière brune
- 2 cuil. à soupe d'oignons frits
- 1 cuil. à soupe de pignons de pin

Boulangerie

- 2 grosses tranches de pain de campagne

Dans le placard

- Maïzena
- Graines de cumin
- Moutarde
- Moutarde fine
- Huile d'olive
- Sel, poivre

L'organisation de ma session batch cooking

Préparer tous les légumes, les cuire et les réserver.

Faire cuire le poulet pour la salade César. Préparer la sauce pour le welsh.

Passer le panais et le céleri au presse-purée.

Monter le gratin de ravioles.

Préparer le riz pilaf.

Semaine 3

Pour 5 soirs

AUTOMNE - HIVER

Thiep facile
(voir p. 84)

Curry de chou-fleur
(voir p. 28)

Gratin de quenelles aux épinards
(voir p. 80)

Oyakodon
(voir p. 72)

Rigatoni brocoli-bleu
(voir p. 90)

Liste de courses
Pour 4 personnes

Légumes, herbes
- 300 g de choudou
- ½ chou-fleur
- 150 g de fleurettes de brocoli
- 400 g d'épinards
- 2 carottes
- 1 poireau
- 1 navet
- 5 oignons
- 6 gousses d'ail
- Coriandre

Frais
- 2 œufs
- 4 cuil. à soupe de crème épaisse
- 250 ml de crème liquide
- 250 g de mozzarella
- 125 g de bleu
- 350 g de filets de poulet
- 4 pilons de poulet
- 6 à 8 quenelles

Épicerie
- 400 g de rigatonis
- 600 g de riz
- 320 g de quinoa
- 100 g de pulpe de tomates
- 2 cubes de bouillon de volaille
- 2 cubes de bouillon de légumes
- 300 ml de lait de coco

Dans le placard
- Piment en poudre
- Curry
- Concentré de tomates
- Sauce soja salée
- Sauce soja sucrée
- Vin blanc
- Huile d'olive
- Sel, poivre

L'organisation de ma session batch cooking

Préparer tous les légumes et éléments à réserver pour le jour J.

Faire la purée de panais et céleri et faire cuire le poulet pour la salade César.

Préparer le thiep et le mettre à cuire. Pendant ce temps, faire cuire le riz pour le oyakodon.

Préparer la sauce au bleu. Quand le riz est cuit, lancer la cuisson du quinoa pour le curry.

Faire cuire la garniture d'épinards pour le gratin.

Semaine 4

Pour 5 soirs

AUTOMNE - HIVER

Poulet sauce yaourt-curry & salade de lentilles corail
(voir p. 82)

Salade César au chou kale
(voir p. 48)

Riz cantonnais
(voir p. 52)

Rigatoni brocoli-bleu
(voir p. 90)

Nuggets de poulet
(voir p. 98)

Liste de courses
Pour 4 personnes

Légumes, fruits, herbes
- 150 g de fleurettes de brocoli
- 150 g de petits pois (surgelés ou frais)
- 150 g de tomates cerise
- 80 g de chou kale
- 1 petit oignon
- 1 citron
- Coriandre
- Ciboulette

Frais
- 4 œufs
- 250 g de yaourt grec
- 200 ml de crème liquide
- 1 cuil. à soupe de crème fraîche
- 125 g de bleu
- 800 g de filets de poulet
- 250 g d'aiguillettes de poulet
- 2 tranches de jambon cuit

Épicerie
- 2 blancs de poulet
- 400 g de rigatonis
- 240 g de riz
- 250 g de lentilles corail
- 200 g de pulpe fine de tomates
- 1 cuil. à soupe de pignons de pin

Dans le placard
- Sucre
- Farine
- Chapelure
- Curry
- Paprika
- Ail semoule
- Concentré de tomate
- Moutarde
- Nuoc-mâm
- Sauce soja
- Vinaigre de cidre
- Huile de tournesol ou de colza
- Huile d'olive
- Sel, poivre

L'organisation de ma session batch cooking

Préparer tous les légumes.

Découpes tous les morceaux de poulet.

Mettre à mariner le poulet dans la sauce au yaourt. Préparer la panure pour les nuggets.

Mettre à cuire le poulet pour la salade César. Pendant ce temps, préparer la sauce au bleu.

Préparer le riz cantonais et la salade de lentilles corail.

Semaine 5

Pour 5 soirs

PRINTEMPS - ÉTÉ

Linguine tomates, basilic & mozzarella
(voir p. 102)

Huevos rancheros
(voir p. 32)

Flan de poisson au lait de coco
(voir p. 74)

Chili sin carne
(voir p. 30)

Pizza aux légumes grillés
(voir p. 64)

Liste de courses
Pour 4 personnes

Légumes, herbes
- 400 g de tomates
- 200 g de tomates ou de tomates cerise
- 1 carotte
- 1 courgette
- 1 aubergine
- 2 poivrons rouges
- 1 petit piment rouge ou piment en poudre
- 2 oignons rouges
- 3 gousses d'ail
- 1 bouquet de basilic
- Coriandre

Frais
- 6 œufs
- 350 g de mozzarella
- 150 g de fromage de chèvre frais ou de feta
- 1 pâte à pizza (ou 1 boule décongelée)
- 400 g de filets de poisson blanc

Épicerie
- 400 g de linguine
- 250 g de riz sauvage
- 250 g de haricots rouges en boîte
- 150 g de maïs
- 250 g de sauce passata
- 80 g de coulis de tomate
- 200 ml de crème de coco
- 1 cube de bouillon de légumes
- 2 cuil. à soupe de pâte de curry rouge

Dans le placard
- Sucre
- Noix de muscade moulue
- Paprika
- Piment doux
- Piment en poudre
- Épices chili
- Origan
- Concentré de tomate
- Huile d'olive
- Sel, poivre

L'organisation de ma session batch cooking

Préparer tous les légumes, les cuire et réserver.

Préparer les huevos rancheros et le chili sin carne.

Préparer le poisson et l'appareil pour les flans.

Préparer la garniture pour les linguine et réserver.

Semaine 6

Pour 5 soirs

PRINTEMPS - ÉTÉ

Rouleaux de printemps
(voir p. 100)

Clafoutis de légumes
(voir p. 14)

Croque-monsieur avocat-tomate
(voir p. 16)

Taboulé de quinoa
(voir p. 46)

Œuf cocotte au cantal
(voir p. 12)

Liste de courses
Pour 4 personnes

Légumes, fruits, herbes
- 3 courgettes
- 200 g de butternut
- 150 g de brocoli
- ¼ de chou rouge
- 1 carotte
- 1 concombre
- 100 g de tomates cerise
- 4 tomates
- 3 avocats
- 1 oignon rouge
- 1 oignon
- 1 gousse d'ail
- 1 citron
- 1 mangue
- Salade verte (facultatif)
- 1 poignée de jeunes pousses d'épinard
- 1 botte de menthe
- Cerfeuil

Frais
- 7 œufs
- 200 ml de lait
- 300 ml de crème épaisse
- 20 g de beurre
- 50 g de cantal
- 50 g de fromage râpé
- 8 tranches de maasdam
- 8 galettes de riz pour rouleaux de printemps

Épicerie
- 125 g de quinoa
- 100 g de vermicelles de riz
- 2 cuil. à soupe de lait de coco

Boulangerie
- 8 tranches de pain de mie complet
- 4 tranches de pain de mie aux céréales

Dans le placard
- Noix de muscade moulue
- Beurre de cacahuète
- Sauce soja
- Huile d'olive
- Sel, poivre

L'organisation de ma session batch cooking

Préparer tous les légumes.

Faire cuire le quinoa.

Préparer les œufs cocotte.

Monter les croque-monsieur et garnir les rouleaux de printemps.

Quand le quinoa est refroidi, l'ajouter aux légumes.

Semaine 7

Pour 5 soirs

PRINTEMPS-ÉTÉ

Salade jar
(voir p. 50)

Tortilla pommes de terre-poivron
(voir p. 10)

Minestrone
(voir p. 40)

Bagel saumon & cream cheese
(voir p. 58)

Gratin de courgettes & béchamel à la roquette
(voir p. 18)

Liste de courses
Pour 4 personnes

Légumes, herbes

- 300 g de pommes de terre
- 750 g de courgettes
- 200 g de haricots verts
- ¼ de chou rouge
- 250 g de tomates cerise
- 1 poivron rouge
- 1 branche de céleri
- 80 g de petits pois
- 1 concombre
- 10 radis roses
- 1 oignon rouge
- 1 oignon
- 4 gousses d'ail
- 1 grosse poignée de jeunes pousses d'épinard
- 1 poignée de roquette
- 2 poignées de mâche
- Basilic
- Aneth

Frais

- 5 œufs
- 400 ml de lait
- 30 g de beurre
- 100 g de cream cheese
- 80 g de parmesan
- 4 à 5 tranches de saumon fumé

Épicerie

- 100 g de pâtes collerettes
- 200 g de quinoa
- 1 cube de bouillon de légumes
- 1 cuil. à soupe de pesto

Boulangerie

- 4 bagels

Dans le placard

- Farine
- Noix de muscade moulue
- Paprika
- Moutarde
- Vinaigre de vin
- Huile d'olive
- Sel, poivre

L'organisation de ma session batch cooking

Préparer tous les légumes.

Préparer la minestrone. Pendant qu'elle cuit, préparer la béchamel et la réserver.

Garnir les bagels et préparer la salade jar.

Semaine 8

Pour 5 soirs

PRINTEMPS - ÉTÉ

Salade de crevettes, avocats et pamplemousse
(voir p. 44)

Club sandwich
(voir p. 60)

Asperges vapeur & sauce œufs dur et câpres
(voir p. 20)

Burger veggie
(voir p. 42)

Poisson pané & sauce tartare
(voir p. 96)

Liste de courses
Pour 4 personnes

Légumes, fruits, herbes

- 1 botte d'asperges vertes (environ 450 g)
- 3 avocats pas trop mûrs
- 2 tomates cœur - de - bœuf
- 1 carotte
- 10 radis roses
- 1 oignon rouge
- 1 oignon
- 1 citron
- 2 pamplemousses
- 1 laitue iceberg
- 100 g de jeunes pousses
- 2 poignées de roquette
- 1 bouquet d'aneth
- Ciboulette
- Persil

Frais

- 8 œufs
- 60 g de cream cheese
- 8 tranches de mimolette
- 4 tranches de cheddar
- 460 g de dos de cabillaud
- 180 g de crevettes cuites et décortiquées
- 4 tranches de dinde cuite

Épicerie

- 200 g de lentilles vertes
- 250 g de boulgour
- 4 cuil. à café de câpres
- 6 cornichons
- 60 g de corn flakes

Boulangerie

- 12 tranches de pain de mie complet ou aux céréales
- 4 buns à burger

Dans le placard

- Farine
- Chapelure
- Cumin
- Paprika
- Piment doux
- 1 gros pot de mayonnaise
- Concentré de tomates
- Ketchup
- Sauce barbecue
- Moutarde
- Moutarde Savora®
- Huile de tournesol
- Huile d'olive
- Sel, poivre

L'organisation de ma session batch cooking

Préparer tous les légumes et réserver les légumes crus au réfrigérateur. Faire cuire les autres. Faire cuire les œufs durs.

Préparer la sauce tartare, la sauce pour la salade et la sauce pour les asperges.

Préparer les steaks veggie pour les burgers.

Monter les sandwichs.

Semaine 9

Pour 4 soirs

AUTOMNE - HIVER

Crevettes sautées
au chou chinois & noodles
(voir p. 54)

Quiche butternut & gouda
(voir p. 56)

Tartines chaudes
(voir p. 88)

Feuilletés au thon
(voir p. 94)

Liste de courses
Pour 4 personnes

Légumes, herbes
- 550 g de courge butternut
- ½ chou chinois
- 3 tomates
- 2 oignons
- 3 gousses d'ail
- Basilic
- Persil
- Coriandre (facultatif)

Frais
- 4 œufs
- 100 ml de lait
- 150 ml de crème liquide
- 60 g de parmesan
- 100 g de comté râpé
- 150 g de gouda vieux
- 80 g de feta
- 3 pâtes feuilletées
- 250 g de crevettes crues décortiquées
- 4 tranches de jambon serrano

Épicerie
- 250 g de noodles
- 1 grosse boîte de thon (280 g)
- 100 g de pulpe de tomates
- 2 cuil. à soupe de câpres

Boulangerie
- 4 tranches de pain Poilâne®

Dans le placard
- Sucre
- Noix de muscade moulue
- Cumin moulu
- Concentré de tomate
- Nuoc-mâm
- Sauce soja
- Huile d'olive
- Sel, poivre

L'organisation de ma session batch cooking

Mettre les crevettes à mariner. Préparer tous les légumes et les éléments pour les tartines, réserver.

Faire cuire la courge butternut.

Préparer la farce des feuilletés.

Préparer la quiche.

Semaine 10

Pour 4 soirs

AUTOMNE - HIVER

Émincés de dinde caramélisés
(voir p. 92)

Burger veggie
(voir p. 42)

Gratin de quenelles aux épinards
(voir p. 80)

Haddock & purée panais-céleri
(voir p. 78)

Liste de courses
Pour 4 personnes

Légumes, herbes
- 2 tomates cœur-de-bœuf
- 600 g de panais
- 300 g de céleri
- 400 g d'épinards
- 1 avocat
- 1 carotte
- 1 oignon rouge
- 3 oignons
- 3 gousses d'ail
- 1 laitue iceberg
- Persil

Frais
- 1 œuf
- 250 ml de lait
- 4 cuil. à soupe de crème épaisse
- 100 ml de crème liquide
- 4 tranches de cheddar
- 250 g de mozzarella
- 300 g d'escalopes de dinde
- 350 g de haddock
- 6 à 8 quenelles

Épicerie
- 240 g de riz
- 200 g de lentilles vertes
- Cornichons

Boulangerie
- 4 buns à burger

Dans le placard
- Sucre
- Chapelure
- Cumin
- Concentré de tomate
- Nuoc-mâm
- Ketchup
- Mayonnaise
- Sauce barbecue
- Moutarde Savora®
- Huile d'olive
- Sel, poivre

L'organisation de ma session batch cooking

Faire mariner la dinde et faire cuire le riz.

Pendant ce temps, préparer le panais et le céleri, les faire cuire. Faire cuire dans une poêle les épinards pour le gratin.

Passer le panais et le céleri au presse-purée.

Préparer les steaks veggie pour les burgers ainsi que la garniture.

Semaine 11

Pour 4 soirs

AUTOMNE - HIVER

Curry de chou-fleur
(voir p. 28)

Gratin de ravioles et de poireaux
(voir p. 38)

Œuf cocotte au cantal
(voir p. 12)

Salade César au chou kale
(voir p. 48)

Liste de courses
Pour 4 personnes

Légumes, fruits, herbes
- ½ chou-fleur
- 3 poireaux
- 80 g de chou kale
- 150 g de tomates cerise
- 1 oignon
- 2 gousses d'ail
- 1 citron
- 1 poignée de jeunes pousses d'épinard
- Cerfeuil
- Ciboulette
- Coriandre

Frais
- 4 œufs
- 300 ml de crème épaisse
- 150 ml de crème liquide
- 150 g de comté râpé
- 50 g de cantal
- 240 g de ravioles du Dauphiné
- 2 blancs de poulet

Épicerie
- 320 g de quinoa
- 300 ml de lait de coco
- 1 cube de bouillon de légumes
- 1 cuil. à soupe de pignons de pin

Boulangerie
- 4 tranches de pain de mie aux céréales

Dans le placard
- Curry
- Concentré de tomate
- Moutarde
- Huile d'olive
- Sel, poivre

L'organisation de ma session batch cooking

Préparer tous les légumes et les faire cuire. Faire cuire le quinoa et lancer la cuisson du poulet pour la salade César.

Pendant ce temps, procéder au montage du gratin.

Préparer les œufs cocotte.

Semaine 12

Pour 4 soirs

PRINTEMPS - ÉTÉ

Tofu sauté & tagliatelles de légumes
(voir p. 26)

Minestrone
(voir p. 40)

Banh mi à la mortadelle
(voir p. 62)

Flan de poisson au lait de coco
(voir p. 74)

Liste de courses
Pour 4 personnes

Légumes, herbes
- 3 courgettes
- 6 carottes
- 200 g de haricots verts
- 1 poivron rouge
- 1 branche de céleri
- 1 concombre
- 80 g de petits pois
- 1 petit piment rouge (ou piment en poudre)
- 1 oignon
- 4 gousses d'ail
- Basilic
- Menthe
- Coriandre

Frais
- 2 œufs
- 40 g de parmesan
- 200 g de tofu
- 400 g de filets de poisson blanc
- 140 g de mortadelle

Épicerie
- 100 g de pâtes collerettes
- 200 ml de crème de coco
- 1 cube de bouillon de légumes
- 4 cuil. à soupe de sauce sweet chili thaïe
- 2 cuil. à soupe de pâte de curry rouge

Boulangerie
- 1 baguette

Dans le placard
- Sucre
- Piment en poudre
- Graines de sésame
- Sauce soja sucrée
- Nuoc-mâm
- Vinaigre blanc
- Huile de coco
- Huile d'olive
- Sel fin
- Sel, poivre

L'organisation de ma session batch cooking

Préparer tous les légumes, les faire cuire et réserver. Faire mariner le tofu.

Préparer la minestone. Préparer les morceaux de poisson et faire cuire les flans.

Préparer les derniers éléments des banh mi et réserver.

Semaine 13

Pour 4 soirs

PRINTEMPS - ÉTÉ

Taboulé de quinoa
(voir p. 46)

Tortilla pommes de terre-poivron
(voir p. 10)

Linguine tomates, basilic & mozzarella
(voir p. 102)

Rouleaux de printemps
(voir p. 100)

Liste de courses
Pour 4 personnes

Légumes, fruits, herbes
- 300 g de pommes de terre
- ¼ de chou rouge
- 1 poivron rouge
- 1 courgette
- 1 carotte
- 1 avocat
- 2 tomates
- 200 g de tomates ou de tomates cerise
- 1 concombre
- 2 oignons rouges
- 1 citron
- 1 mangue
- 1 botte de menthe
- 1 bouquet de basilic

Frais
- 5 œufs
- 250 g de mozzarella
- 8 galettes de riz pour rouleaux de printemps

Épicerie
- 400 g de linguine
- 125 g de quinoa
- 100 g de vermicelles de riz
- 2 cuil. à soupe de lait de coco

Dans le placard
- Paprika
- Beurre de cacahuète
- Sauce soja
- Huile d'olive
- Sel, poivre

L'organisation de ma session batch cooking

Préparer tous les légumes, les faire cuire et réserver.

Faire cuire le quinoa.

Garnir les rouleaux de printemps.

Semaine 14

Pour 4 soirs

PRINTEMPS - ÉTÉ

Huevos rancheros
(voir p. 32)

Gratin de courgettes
& béchamel à la roquette
(voir p. 18)

Asperges vapeur
& sauce œufs durs et câpres
(voir p. 20)

Bagel saumon & cream cheese
(voir p. 58)

Liste de courses
Pour 4 personnes

Légumes, herbes

- 1 botte d'asperges vertes (environ 450 g)
- 400 g de tomates
- 600 g de courgettes
- 1 poivron rouge
- 1 concombre
- 10 radis roses
- 1 oignon rouge
- 1 gousse d'ail
- 1 grosse poignée de jeunes pousses d'épinard
- 1 poignée de roquette
- 1 botte d'aneth
- Coriandre

Frais

- 6 œufs
- 400 ml de lait
- 30 g de beurre
- 100 g de cream cheese
- 40 g de parmesan râpé
- 2 à 3 tranches de saumon fumé

Épicerie

- 2 cornichons
- 2 cuil. à café de câpres
- 1 cuil. à soupe de pesto

Boulangerie

- 4 bagels

Dans le placard

- Sucre
- Farine
- Paprika
- Piment doux
- Noix de de muscade moulue
- Origan
- Concentré de tomate
- Moutarde
- Huile d'olive
- Sel, poivre

L'organisation de ma session batch cooking

Préparer tous les légumes. Faire cuire les légumes pour les huevos rancheros.

Faire cuire les œufs pour la sauce œufs durs et câpres.

Préparer la béchamel.

Monter les bagels.

Semaine 15

Pour 3 soirs

AUTOMNE-HIVER

Tartines chaudes

(voir p. 88)

Nuggets de poulet

(voir p. 98)

Salade de crevettes, avocats et pamplemousse

(voir p. 44)

Liste de courses
Pour 4 personnes

Légumes, fruits, herbes

- 3 tomates
- 2 avocats pas trop mûrs
- 1 gousse d'ail
- 1 citron
- 2 pamplemousses
- 100 g de jeunes pousses
- Basilic
- Aneth

Frais

- 1 œuf
- 60 g de cream cheese
- 100 g de comté râpé
- 60 g de parmesan
- 250 g d'aiguillettes de poulet
- 180 g de crevettes cuites et décortiquées
- 4 tranches de jambon serrano

Épicerie

- 200 g de pulpe fine de tomates

Boulangerie

- 4 tranches de pain Poilâne®

Dans le placard

- Sucre
- Farine
- Chapelure
- Concentré de tomates
- Moutarde
- Vinaigre de cidre
- Huile de tournesol ou de colza
- Huile d'olive
- Sel, poivre

L'organisation de ma session batch cooking

Découper le poulet et préparer la panure des nuggets.

Préparer les éléments de la salade de crevettes et ceux des tartines. Réserver le tout au réfrigérateur.

Semaine 16

Pour 3 soirs

PRINTEMPS - ÉTÉ

Œuf cocotte au cantal

(voir p. 12)

Croque-monsieur avocat-tomate

(voir p. 16)

Clafoutis de légumes

(voir p. 14)

Liste de courses Pour 4 personnes	
Légumes, herbes • 200 g de butternut • 150 g de courgettes • 150 g de brocoli • 2 tomates • 100 g de tomates cerise • 2 avocats • 1 oignon • 1 gousse d'ail • Salade verte (facultatif) • 1 poignée de jeunes pousses d'épinard • Cerfeuil Frais • 7 œufs • 200 ml de lait • 300 ml de crème épaisse	• 20 g de beurre • 50 g de cantal • 50 g de fromage râpé • 8 tranches de maasdam Boulangerie • 8 tranches de pain de mie complet • 4 tranches de pain de mie aux céréales Dans le placard • Huile d'olive • Sel, poivre • Noix de muscade moulue

L'organisation de ma session batch cooking

Préparer tous les légumes. Cuire les légumes du clafoutis.

Pendant ce temps, monter les croque - monsieur.

Réserver les légumes et préparer les œufs cocotte.

Semaine 17

Pour 3 soirs

AUTOMNE - HIVER

Soupe de carottes-patates douces
(voir p. 8)

Thiep facile
(voir p. 84)

Quiche butternut & gouda
(voir p. 56)

Liste de courses
Pour 4 personnes

Légumes
- 550 g de courge butternut
- 450 g de carottes
- 450 g de patates douces
- 300 g de choudou
- 1 navet
- 3 oignons
- 5 gousses d'ail

Frais
- 3 œufs
- 100 ml de lait
- 150 ml de crème liquide
- 150 g de gouda vieux
- 1 pâte feuilletée
- 4 pilons de poulet

Épicerie
- 350 g de riz
- 100 g de pulpe de tomates
- 100 ml de lait de coco
- 1 litre de bouillon de légumes
- 2 cubes de bouillon de volaille

Dans le placard
- Noix de muscade moulue
- Gingembre moulu
- Piment en poudre
- Concentré de tomate
- Huile d'olive
- Sel, poivre

L'organisation de ma session batch cooking

Préparer tous les légumes et les faire cuire.

Préparer le thiep.

Quand les légumes sont cuits, mixer la soupe.

Préparer la quiche.

Semaine 18

Pour 3 soirs

PRINTEMPS - ÉTÉ

Poisson pané & sauce tartare
(voir p. 96)

Poulet à la mexicaine
(voir p. 86)

Taboulé de quinoa
(voir p. 46)

Liste de courses
Pour 4 personnes

Légumes, fruits, herbes
- 1 courgette
- 1 concombre
- 2 tomates
- 1 oignon rouge
- 1 citron
- 1 botte de persil
- 1 botte de menthe
- Ciboulette
- Ciboule

Frais
- 1 œuf
- 125 g de cheddar râpé
- 500 g de filets de poulet
- 460 g de dos de cabillaud

Épicerie
- 250 g de boulgour
- 125 g de quinoa
- 100 g de chips de maïs (tortilla) nature
- 60 g de corn flakes
- 1 boîte de 250 g de pulpe de tomates
- 100 ml de sauce sweet chili thaïe
- 2 cornichons
- 2 cuil. à café de câpres

Dans le placard
- Farine
- Piment doux
- Paprika
- 1 pot de mayonnaise
- Huile de tournesol
- Huile d'olive
- Sel, poivre

L'organisation de ma session batch cooking

Faire cuire le boulgour et le quinoa.

Pendant ce temps, préparer les légumes du taboulé. Mélanger les légumes avec le quinoa refroidi.

Préparer le poulet. Pendant la cuisson du poulet, préparer la sauce tartare.

Une fois le poulet cuit, préparer les morceaux de poisson et les paner.

Semaine 19

Pour 3 soirs

PRINTEMPS - ÉTÉ

Feuilletés au thon
(voir p. 94)

Rouleaux de printemps
(voir p. 100)

Tofu sauté & tagliatelles de légumes
(voir p. 26)

Liste de courses
Pour 4 personnes

Légumes, fruits, herbes
- 550 g de courge butternut
- 450 g de carottes
- 450 g de patates douces
- 300 g de choudou
- 1 navet
- 3 oignons
- 5 gousses d'ail

Frais
- 1 œuf
- 80 g de feta
- 2 pâtes feuilletées
- 8 galettes de riz pour rouleaux de printemps
- 200 g de tofu

Épicerie
- 100 g de vermicelles de riz
- 1 grosse boîte de thon (280 g)
- 100 g de pulpe de tomates
- 2 cuil. à soupe de lait de coco
- 2 cuil. à soupe de câpres

Dans le placard
- Cumin en poudre
- Graines de sésame
- Concentré de tomate
- Beurre de cacahuète
- Sauce soja
- Sauce soja sucrée
- Nuoc-mâm
- Huile de coco
- Huile d'olive
- Sel, poivre

L'organisation de ma session batch cooking

Préparer les tagliatelles de légumes et les légumes pour les rouleaux de printemps.

Faire mariner le tofu.

Préparer la farce des feuilletés.

Garnir les rouleaux de printemps.

Semaine 20

Pour 3 soirs

PRINTEMPS - ÉTÉ

Salade jar
(voir p. 50)

Pizza aux légumes grillés
(voir p. 64)

Wrap de saumon
(voir p. 66)

Liste de courses
Pour 4 personnes

Légumes, herbes
- 1 courgette
- 1 aubergine
- 1 poivron rouge
- ¼ de chou rouge
- 250 g de tomates cerise
- 1 avocat
- 150 g de laitue iceberg
- 2 poignées de mâche
- Aneth

Frais
- 150 g de cream cheese
- 150 g de fromage de chèvre frais ou de feta
- 100 g de mozzarella
- 1 pâte à pizza (ou une boule décongelée)
- 6 tranches de saumon fumé

Épicerie
- 200 g de quinoa
- 4 tortillas
- 80 g de coulis de tomate

Dans le placard
- Origan
- Moutarde
- Vinaigre de vin
- Huile d'olive
- Sel, poivre

L'organisation de ma session batch cooking

Préparer et faire cuire les légumes de la pizza.

Préparer la salade jar et les wraps de saumon.

Remerciements

Merci à Juliette Garnier qui cuisine à mes côtés !
Merci à Rose-Marie pour sa confiance.

ISBN : 978-2-412-05634-9
Dépôt légal : septembre 2020
Imprimé en France par Pollina - 94679

Photographies et stylisme : © Sandra Mahut
Édition : Typhaine Gilles
Corrections : Odile Raoul
Création graphique et mise en page : La Fabrique Graphique
Illustrations de couverture : © Gwladys Morey

Éditions First, un département d'Édi8
92, avenue de France
75 013 Paris – France
Tél. 01 44 16 09 00
Fax 01 44 16 09 01
E-mail : firstinfo@efirst.com
Site internet : www.editionsfirst.fr